令和版

長野「いい川」渓流

釣り場

JN057764

構成・時田眞吉

地図 堀口順一朗

BOOKデザイン 佐藤安弘（イグアナ・グラフィックデザイン）

はじめに—本書について

本書は釣り人による、釣り人のための渓流釣り場ガイドブックです。エサ、ルアー、テンカラ、フライとスタイルを問わず、渓流釣りと自然を愛する方々にご協力をいただき、一冊にまとめました。末永く渓流釣りを楽しめるように、ルールを守り節度のある釣りを心がけましょう。

なお今回の「令和版」収載河川は、前作と同一のものも含めて新たに取材をしております。

【釣り場】 一般的な渓流、本流のほか、最終集落以遠の源流域も含みます。本文解説や写真から己の技量に適した河川を選び、安全な釣行を心がけてください。

【対象魚】 ヤマメ、アマゴ、イワナのほか、ニジマス等の記述もあります。

【情報】 本文、インフォメーション等の各情報は、基本的に2020年10月までのものです。現状を保証するものではなく、解禁期間、遊漁料、漁業協同組合、釣具店、遊漁券取扱所等の各情報は、その後変更されている可能性があります（解禁日が「第●土曜」等で設定されている場合、年によって日にちが変わります）。同様に、釣り場の状況も同じとは限りません。釣行の際は必ず事前に現地の最新情報をご確認ください。また、現地で本書に記載外の禁漁・禁止行為等を示す標識などがあった場合にはその指示を遵守してください。

【地図】 各河川にはアクセス図と釣り場河川図を掲載しました（縮尺は一定ではありません）。アクセス図の交通は、基本的に最寄りの高速道路ICを基点にしています。河川図は基本的に北を上に製作していますが、異なる場合もあります。アクセス図、河川図とも東西南北は方位記号をご参照ください。また、地図上に記された駐車スペースの多くは、本文内の記述と合わせて、あくまで1つの目安としてお考えください。

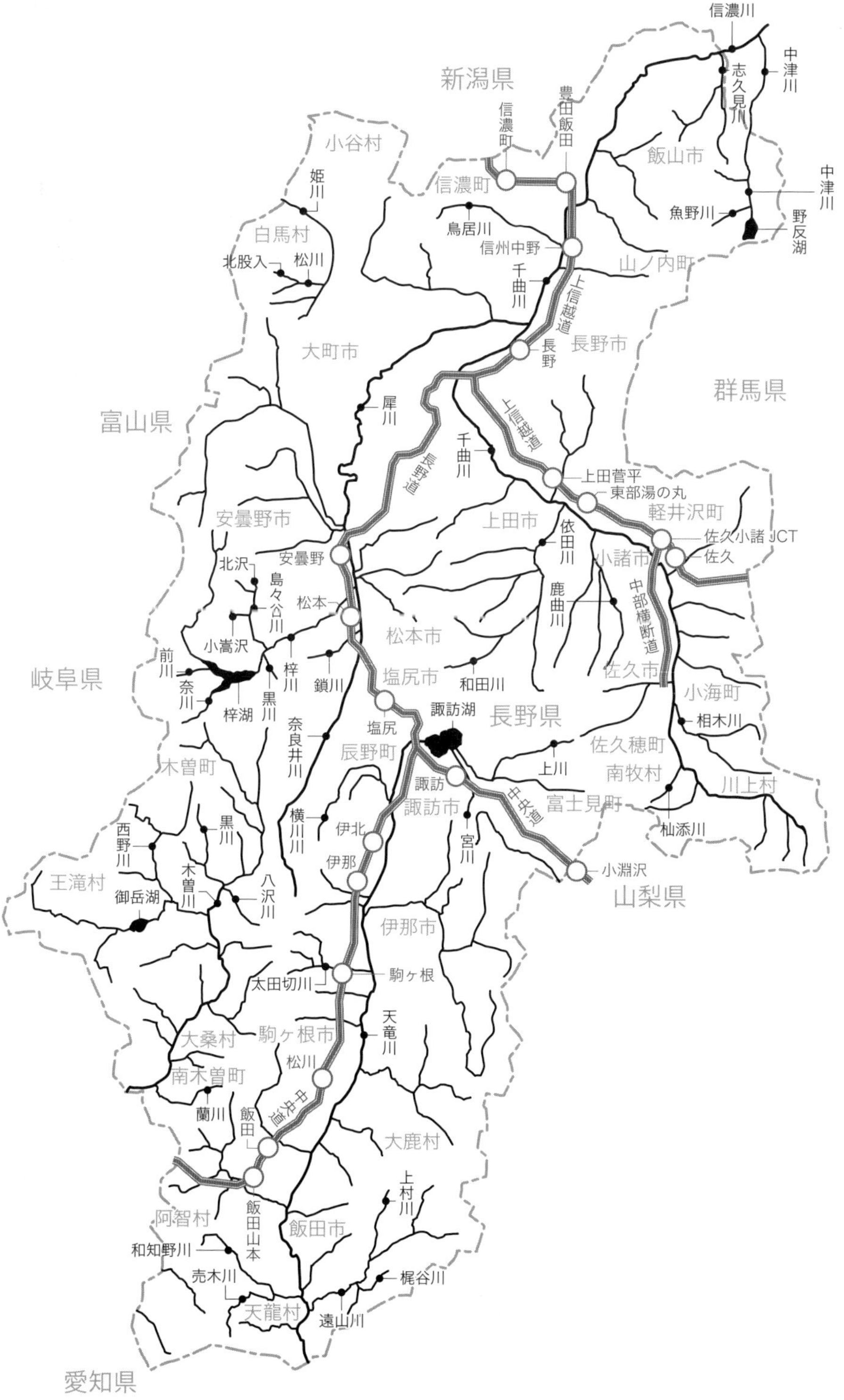
信濃川
中津川
志久見川
新潟県
豊田飯田
信濃町
小谷村
飯山市
中津川
姫川
信濃町
魚野川
野反湖
鳥居川
白馬村
信州中野
山ノ内町
北股入
松川
千曲川
上信越道
長野
長野市
大町市
群馬県
富山県
犀川
上信越道
千曲川
長野道
上田菅平
東部湯の丸
上田市
軽井沢町
安曇野市
依田川
佐久小諸 JCT
安曇野
小諸市
佐久
北沢
島々谷川
鹿曲川
松本
中部横断道
松本市
小嵩沢
前川
梓川
鎖川
塩尻市
佐久市
奈川
和田川
小海町
岐阜県
梓湖
黒川
塩尻
諏訪湖
長野県
相木川
奈良井川
辰野町
佐久穂町
上川
木曽町
諏訪
南牧村
中央道
川上村
黒川
横川川
諏訪市
富士見町
西野川
伊北
杣添川
宮川
木曽川
伊那
小淵沢
王滝村
八沢川
山梨県
御岳湖
伊那市
太田切川
駒ヶ根
天竜川
大桑村
駒ヶ根市
松川
南木曽町
中央道
蘭川
飯田
大鹿村
上村川
阿智村
飯田山本
飯田市
和知野川
売木川
梶谷川
天龍村
遠山川
愛知県

信濃川水系
中津川支流

魚《う》野《お》川《の》

かつてはイワナ職漁師が活躍した原生林の美渓
満喫するには沢泊まり2泊3日を要する

　秘境・秋山郷を流れる中津川は、信濃川の支流である。奥の切明で雑魚川と分かれ、渋沢ダムの先で本流筋の千沢と魚野川に分かれる。新潟県の魚野川とは異なり、長野県と群馬県の境、志賀高原・奥志賀を代表する岩菅山を中心とした山塊を源にする。針葉樹林から広葉樹林の原生林を縫う変化に富んだ渓相は、多くのイワナを育んでいる。

カギトリゼン（魚止ゼン）を望む。この滝壺に魚が溜まっていることが多い

　魚野川はかつて職漁師がイワナを獲っていたことから、入渓ルートがたくさんある。それらは山越えで、途中の沢を下っていた。現在は魚野川流域を囲むように登山道が整備されており、ルートは自分の選択次第である。たとえば、志賀高原側の発哺《はっぽ》温泉から東館山ゴンドラリフトを利用して寺子屋峰まで行き、岩菅山の稜線から奥ゼン沢を下り、源流部を釣り上がってゴンドラリフトで戻るルート。あるいは野反湖から稜線を歩き、高沢を下るなど、さまざまなルートが思いつくだろう。この周辺の地図を眺めているだけで、釣欲が湧き上がってくるはずだ。

魚野川下流部の入渓地点となる渋沢ダムを望む

　しかし、魚野川の源流釣りを満喫するなら、渋沢ダムから源頭部の山まで完登するのが望ましいと思う。渋沢ダムへの

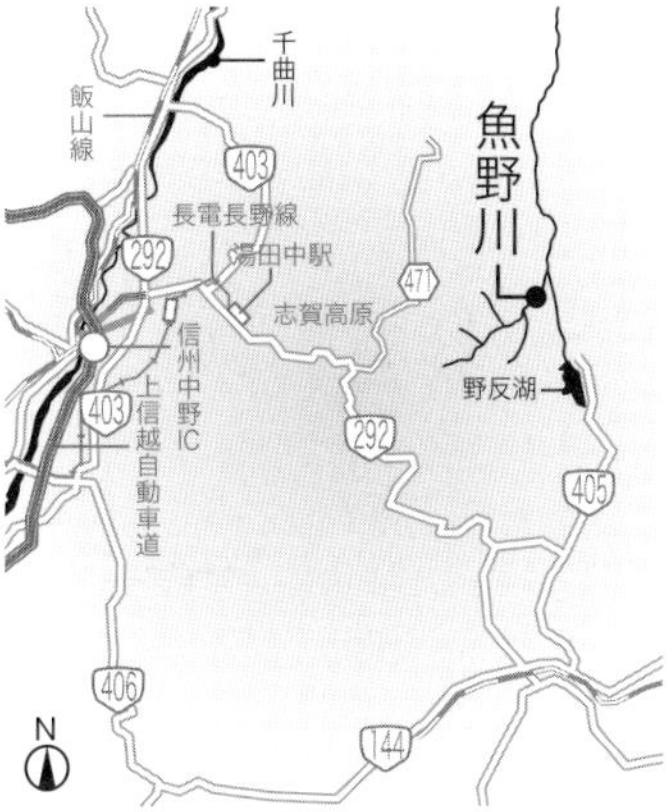

information

●河川名　信濃川水系中津川支流魚野川
●釣り場位置　長野県栄村
●主な対象魚　イワナ
●解禁期間　4月16日～9月30日
●遊漁料　日釣券500円・
年券3000円
●管轄漁協　志賀高原漁業協同組合
（Tel0269-34-2721）
●最寄の遊漁券発売所　セブンイレブン山ノ内町佐野店（道の駅前）
（Tel0269-33-8701）
●交通　上信越自動車道・信州中野IC降車。国道292、405号を経て野反湖へ。関越道からは渋川伊香保ICを降り、国道17、353、145、292、405号経由で野反湖へ

入渓ルートは、切明から電力会社の管理歩道を約3時間歩くか、野反湖から約2時間30分登山道を下る。いずれのルートも、昔から群馬県の六合村と長野県の栄村を行き来してきた道である。切明に車を置いた場合は、北ノ沢から寺子屋峰を詰め上がり、発哺温泉へ下り、タクシーで車を回収する必要がある。野反湖に車を置いた場合は、南ノ沢を詰め上がり、赤石山付近から登山道で戻る必要がある。

切明からは、渋沢ダムから渋沢を吊り橋で渡った上流で入渓する。千沢との出合までは河原が続く。河原の流れの深みのあるポイントにはイワナがいる。千沢の上流には野反ダムがある。千沢もイワナが多いと聞くが、ダム下の水なので私自身はあまり釣欲が湧かない。

●ゴルジュとゼンの続く源流域

千沢を分けると、すぐに「桂かまち」と呼ばれるゴルジュになる。ここは水量が少なければ難なく通過できる。次に箱淵と呼ばれる通ラズの悪場が来る。左岸側に巻き道があるが、水量が少なければ

通過することが可能だ。中流部で高沢を過ぎると、大きな淵を持つ大ゼン（6m）が現われる。ゼン（セン）とはこの地方の言葉で滝を意味する。大ゼンはイワナの遡上止滝になっており、滝壺にはイワナが溜まっていることが多い。

　大ゼンを巻く左岸側は崩れたが、ガレ場の堆積を斜めに登れば簡単に越えることができる。大ゼンから上はしばらく河原が続き、河原の中に直立した岩（ナマリ岩）が見えるとすぐに黒沢出合である。渋沢ダムから1泊2日で往復する釣り人は、黒沢出合付近で泊まる人が多い。

河畔林の緑と水色、美しいナメの渓相が魚野川の特徴

大ゼンの手前の流れで尺イワナを掛ける

魚野川最大の落差のある庄九郎大滝

ゴウトウ（ゴーロ帯）は急斜面に大岩が続く

　次に川幅いっぱいにすだれ状の水を流す滝がカギトリゼン、別名魚止ゼン（8m）が現われる。この滝壺はイワナが多く溜まっていることが多い。カギトリゼンは右岸側の流れ際を登って越える。ここからナメの川床と滝が連続する。ナメの川床が終わると奥ゼン沢出合である。この辺りはイワナの魚影が多い。奥ゼン沢から河原が続き、岩の間から落ちる一条の滝が燕（つばくろ）ゼンである。滝壺で小ゼン沢が出合っている。小ゼン沢は六合村の職漁師が通ったイワナの道である。燕ゼンは左岸を直登するように越える。

　上流で、ナメ床で出合うのが庄九郎沢である。その先に魚野川最大の落差を持つ庄九郎大滝が現われる。その滝壺はいかにも大イワナの雰囲気があるのだが、あまりよい思いをしたことがない。庄九郎大滝は左岸のルンゼを登り、途中からトラバースして越える。

　庄九郎大滝の先はゴウトウと呼ばれる巨岩のゴーロ帯の急斜面になる。ゴーロ帯にしてはイワナの魚影は多い。やがて斜度が緩くなると、チャラ瀬の河原になる。両側はネマガリタケのヤブになる。河原はイワナがビュンビュン走るが、釣りづらい。

ポツポツと出てくる小滝を越えると、南ノ沢と北ノ沢の出合である。この辺りまでくるとほとんど小川になり、イワナはオレンジ色が鮮やかで居着きを感じさせるが、サイズは小さい。漁協が定めている20cmに満たないイワナは放流すること。最上流部のイワナは六合村の職漁師が放流したものである。

詰めは北ノ沢から寺子屋峰を目差す。追詰め滝と呼ばれる4m滝を越えると水はさらに少なくなるが、まだイワナがいる。フィナーレはネマガリタケのヤブ漕ぎがつらいが、登山道に出て、寺子屋峰の手前から振り返れば、緑に彩られた魚野川の源流地帯一面が眼下に広がり、源流釣り完全遡行の充実感に満たされるはずだ。

（丸山）

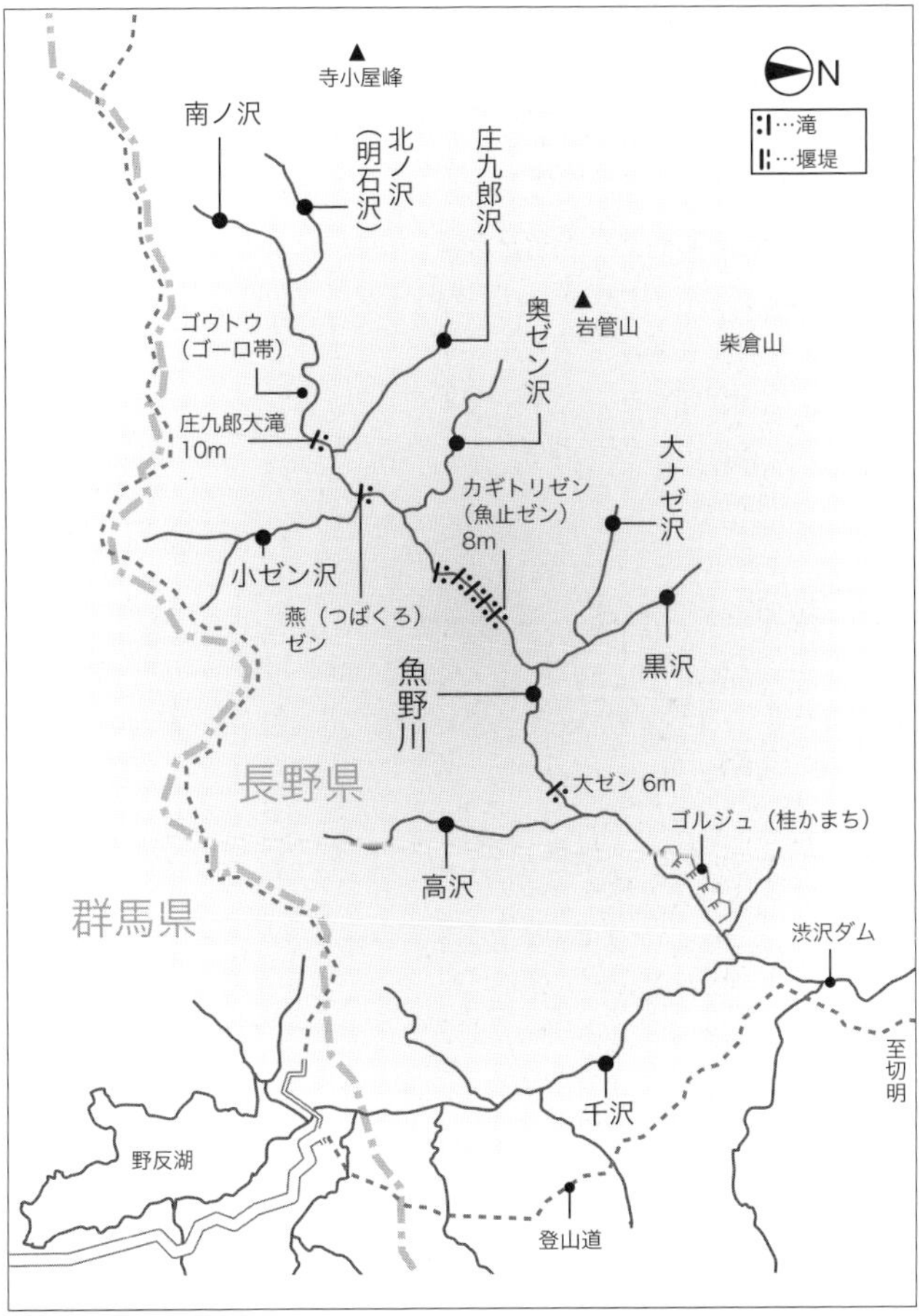

魚野川の尺イワナ。オレンジ色が強い

千曲川水系

鳥《と》居《りい》川

戸隠奥社入口の大鳥居付近を流れることが川名の由来とも
初心者からベテランまで楽しめる人気の渓

早春の第三発電所上の渓相。この辺りは小振りだが魚影は多い

鳥居川は上信越自動車道・信州中野ICを対岸に見て、千曲川左岸に流れ込む流程34㎞あまりの短い渓で、標高１２００mの戸隠・越水ヶ原一帯が源流域となっている。戸隠奥社入口の大鳥居付近を流れ下ることから、鳥居川と呼ばれるようになったといわれている。

飯綱町牟礼駅付近から千曲川への合流点までが下流域となるが、この辺りは街中や田園地帯を流れることもあり、最近は改善されつつあるものの生活排水が流れ込み、水質がよいとはいえない。釣り場としては子供たちや初心者にもお勧めの中流域と、鳥居川第四発電所から長野市と信濃町の境にある大橋までの上流域となる。上流域は本格的な山岳渓流で渓相もよいが、入渓場所が限られることや、楽とはいえない遡行を強いられるため、健脚を自称するベテラン向きのところだ。

●中流域はアクセスもよく、気軽に釣りが楽しめる初心者向き

エリアとしては大きく２つに分けられる。１つはしなの鉄道・牟礼駅付近、飯綱町役場前の鳥居新橋の上下。川通しでもよいが、この辺りは両岸護岸だけに、護岸の上からでもサオがだせる。ニジマス・ヤマメが中心で初心者や子供たちにもお勧めのところだ。特に鳥居新橋から３００mほど下った水郷橋下で右岸から八蛇川が流れ込むが、合流点辺りは誰もがねらいたくなる淵がある。この辺りの飯綱町地区は３、５、６、９月にニジマス、３、６月にヤマメの放流があるので、放流日情報が得られればよい釣りができるだろう。

また、国道18号と交差する新鳥居橋から上流は、しなの鉄道（旧信越本線）に沿って流れるが、入渓点が限られることもあり釣り人は少ない。水量もあるため、

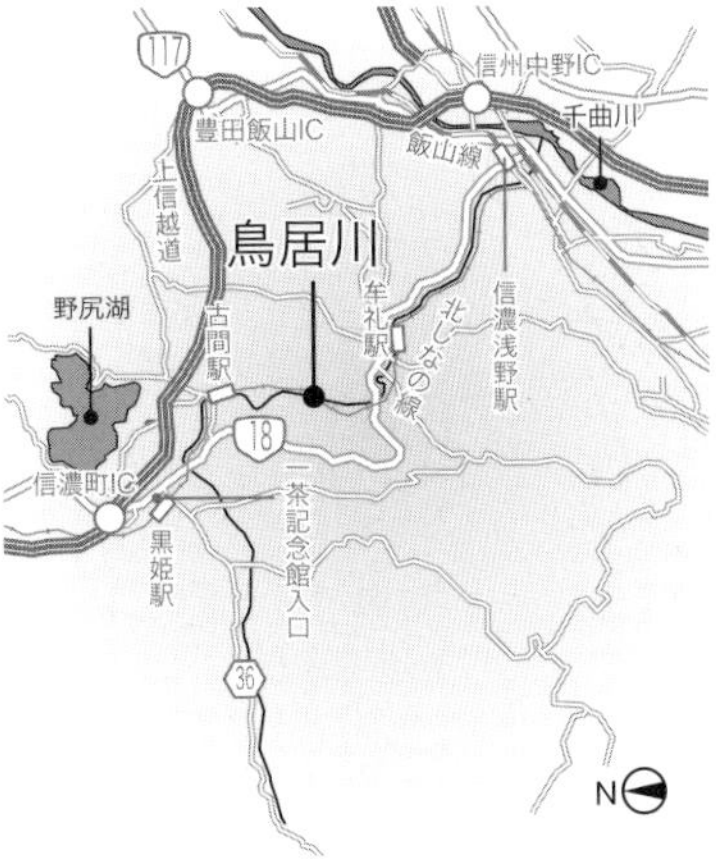

鳥居新橋から八蛇川方面を見る。この辺りの水質は決してよいとはいえない

鳥居橋下流の渓相。大岩の点在する素晴らしい流れが待っている

ニジマスの大型や時折りヤマメがヒットすることもあるので、一度は挑戦したいところだ。

もう1つは、じっくり時間を掛けて釣りができる、県道36号仁之倉集落の長野寄り、「鳥居川橋から上流、第四発電所下の鳥居橋」までの2㎞区間となる。川幅も広く開けていて大石の連なる渓相なので、フライやテンカでねらうのもよいだろう。中流域上部になると周囲に人家もほとんどなくなり、飯綱地区下流とは見違えるほど水が澄むのも鳥居川の特徴といえる。

information

●河川名　千曲川水系鳥居川
●釣り場位置　長野県上水内郡信濃町・飯綱町
●主な対象魚　イワナ、ヤマメ、ニジマス
●解禁期間　3月第3日曜日午前8時～9月30日。ニジマスは長野市豊野町大倉「入り橋」から下流の鳥居川は周年解禁
●遊漁料　日釣券1000円（現場売り1000円増）・年券5000円
●管轄漁協　北信漁業協同組合（Tel026-253-6696）
●最寄の遊漁券発売所　セブンイレブン三水普光寺店（Tel026-253-5711）、セブンイレブン信州信濃町古間店（Tel026-251-7110）。いずれも国道18号沿い
●交通　上信越自動車道・信州中野ICから国道18号を経由するか、信濃町ICを降り、国道18号を長野方面へ向かい一茶記念館入口交差点から県道36号で戸隠方面に入る。いずれもインターから10㎞未満とアクセスがよい。上流部には、戸隠に向かう途中、発電所への専用道路から入渓。下流部は、しなの鉄道牟礼駅付近

●入渓点も限られるベテラン向きの本格渓流

第四発電所付近の標高が約750m。戸隠越水ヶ原手前の大橋まで7㎞あまりで、標高が500m高くなることから、いかに急峻な流れかが想像できる。鳥居川上流に堰堤はないが、第二発電所や第三発電所の施設付近ほか2箇所

早春の第三発電所上流の流れ。この時期には水量もあり徒渉時は注意が必要

鳥居橋から第四発電所放流口を望む

第一発電所から第二発電所までの流れを望む

早春、まだサビが取れないイワナ。鳥居川は20㎝前後がアベレージサイズ

ほど高巻しなければならないところがある。

上流部への入渓は、一般道・戸隠信濃町線（県道36号）と落差が大きくV字谷になっているため、それぞれの発電所への業務用専用道路からになるが、一般道からの入口にはチェーンゲートがあり一般車は入れない。第一発電所は、S字の一般道を少し上がると発電所への送水管の落ち込み口付近に小さな駐車スペースがある。入渓は送水管沿いの点検通路となっている階段を下るとよい。第二発電所では、専用道路入口のすぐ上に5～6台が駐車できる広場があるので駐車し、少し距離があるが専用道路を下って入渓するとよい。また、第三発電所付近には駐車できるスペースがないので、一般道路を少し走り駐車できる場所を捜すとよい。納竿後は一般道に上がってから車に戻るので、駐車場所は上にあったほうが都合がよいだろう。

上流部は限られた入渓場所のため、大きく分けて3つのブロックとなる。第一発電所から第二までは約3㎞、第二から第三は2㎞あまり、第三発電所から上流の大橋までは約4㎞と最も長いので、時間に余裕がなければ無理はしないほうがよいだろう。ただ、大橋の手前1㎞付近の左岸、流れの少し上の林間にお地蔵様が見える。もう50年も前になるが、1972年9月23日、50m上部を走る未舗装の狭い道路から定期バスが路肩を外れて転落し、15人が死亡した悲しい事故があった。その供養で建てられたものだが、お地蔵様までは急峻だがお参りの歩道が整備されているので、時間によって

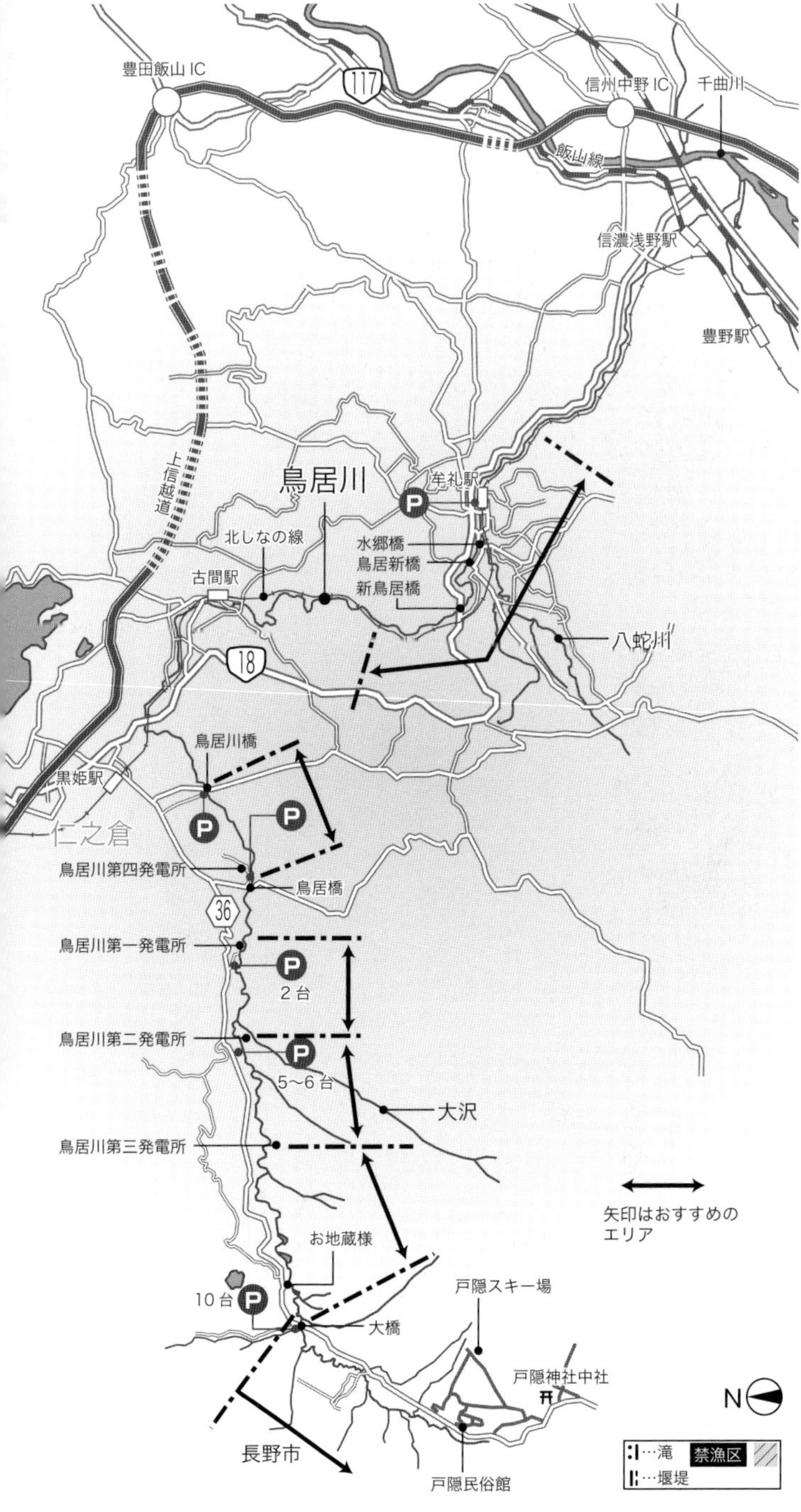

はここから上がるのもよい。ほかには上がるところはない。

鳥居川の上流部は、第二・第三発電所のそれぞれで取水放水をしているので、盛夏には渇水気味の区間もあるため梅雨明けまでがベストシーズンだが、渇水期の大雨のあとには思わぬ釣果に笑みが出るだろう。発電所付近には放流されているが、それ以外は立ち入ることができない場所だけに居着きの天然イワナが多いが、比較的小ぶりで尺上は期待できない。第二発電所下に右岸から流れ込む大沢は、鳥居川の中で最も大きな支流で天然イワナの宝庫。しかし大沢はクマが多いと聞くので、クマ鈴は必ず持参するなど対策はぬかりなく、充分注意してほしい。

（小澤）

千曲川水系

千《ち》曲《く》川《ま》【下流部】

台風被害からの回復に期待
高いポテンシャルは今なお健在

住吉橋上流の流れ。台風により右岸のコンクリートが大きく露出した

臼田橋下流の流れ。全体的に浅くなったが流れ込みで好反応だった

information

●河川名　千曲川水系千曲川
●釣り場位置　長野県佐久市～南佐久郡佐久穂町
●主な対象魚　イワナ、ヤマメ
●解禁期間　2月16日～9月30日
●遊漁料　日釣券1300円（現場売り2000円）・年券6500円
●管轄漁協　佐久漁業協同組合（Tel0267-62-0764）
●最寄の遊漁券発売所　セブンイレブン臼田田口店（Tel0267-82-5288）、ローソン佐久穂高野店（Tel0267-81-2111）、ほかにも付近のコンビニで取り扱いあり
●交通　上信越自動車道・佐久小諸JCTより中部横断自動車道・佐久南IC降車。国道254、141号、県道2号を経て千曲川へ

日本最長河川・信濃川の最初の一滴は山梨・埼玉・長野県境の甲武信《こぶし》ヶ岳から生まれ出でる。そして信濃川の上流域、長野県側の200㎞を超える流程を千曲川と呼ぶ。大小無数の支流群と共に渓流釣り場として名高い千曲川本流だが、2019年の台風19号により大きな被害を被ったのは記憶に新しい。流域では流れが一変したり、大規模な河川改修工事が進められているところも多く、完全復活にはまだ数年かかるだろう。しかし渓魚たちは確かに今も息づき、力強い姿を見せてくれる。

本書では、渓流（本流）の釣り場として知られる佐久漁協と南佐久南部漁協の範囲に絞り、それぞれ今までの実績ポイントとその変化具合、さらに2020年の実釣結果を合わせて記述したいと思う。それではまず、下流側となる佐久漁協エリアから。

●台風19号の爪痕

市街地のためアクセスもよく、また積雪が少ないので解禁当初から楽しめる佐久エリア。梅雨頃からは大ヤマメの実績

千曲川本流にて超大ものをねらう

が豊富で本流釣り愛好家には特に人気の区間だが、台風19号の影響を強く受けていると感じた。2020年夏現在も多くの箇所で河川工事の重機がひた走る。ところによっては新たに投じられた大量の消波ブロックも見られた。あれだけの大災害と周辺住民の心情を思えば、工事の是非をここで論じるつもりは毛頭ない。今はただ速やかなる復旧と、この消波ブロック帯が渓魚のよき付き場となることを祈るばかりだ。

雨川合流点付近、住吉橋上流右岸に連なる消波ブロックは大ものが付くところだが現在は陸地と化してしまった。流れ込みの急流帯は盛期、ヤマメの付き場としての見込みが大いにある。

続いては臼田橋付近。下流左岸は以前と同様の深みが続くので早期から有望だ。対して右岸（※佐久市臼田文化センター裏）の消波ブロック帯は、やはり多くが露出してしまった。魚の付き場も変わったと見え、反応が多くあったのは臼田橋直下の荒瀬近く。泣き尺が頭だが美形の本流ヤマメが楽しませてくれた。

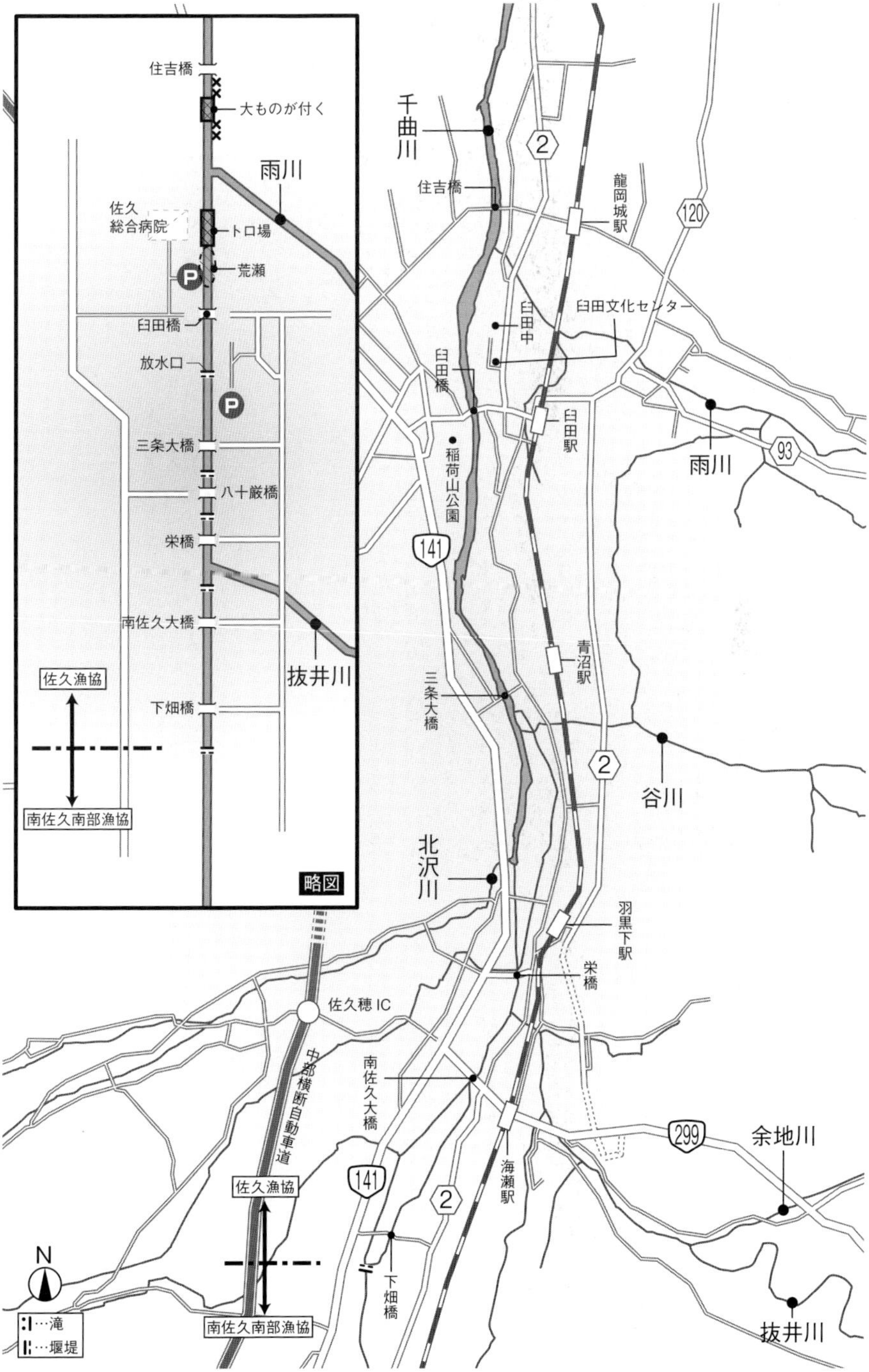
住吉橋
大ものが付く
雨川
佐久
総合病院
トロ場
荒瀬
臼田橋
放水口
三条大橋
八十厳橋
栄橋
南佐久大橋
抜井川
佐久漁協
下畑橋
南佐久南部漁協
略図
千曲川
住吉橋
2
龍岡城駅
120
臼田文化センター
臼田中
臼田橋
臼田駅
稲荷山公園
雨川
93
141
青沼駅
三条大橋
谷川
2
北沢川
羽黒下駅
栄橋
佐久穂 IC
中部横断自動車道
南佐久大橋
299
余地川
141
2
海瀬駅
佐久漁協
下畑橋
N
南佐久南部漁協
抜井川
…滝
…堰堤

北沢川出合上流の堰堤跡。流心脇と両岸の深みをていねいにねらいたい

流心脇で出た幅広の銀毛尺ヤマメ

●消波ブロックの1級ポイント

三条大橋を過ぎ、左岸から流入する北沢川を見送ると消波ブロック（※地図上では堰堤記号）が作る1級ポイントが展開する。2020年の釣行時も入れ替わり立ち替わりに釣り人の姿があり、話を聞いてみると中央の急流脇で尺上ヤマメを手中にしたとホクホク笑顔。その後サオをだした私も幅広の尺ヤマメと、両岸の深みで尺イワナを釣りあげた。しかし懸念が一点、昼近くになると途端に茶色の濁りが入り出したことだ。本流上流部、もしくは右岸から流入する抜井川の河川工事によるものと考えられるので、ねらうのは早い時間帯がよいだろう。

南佐久南部漁協との境となる下畑橋上

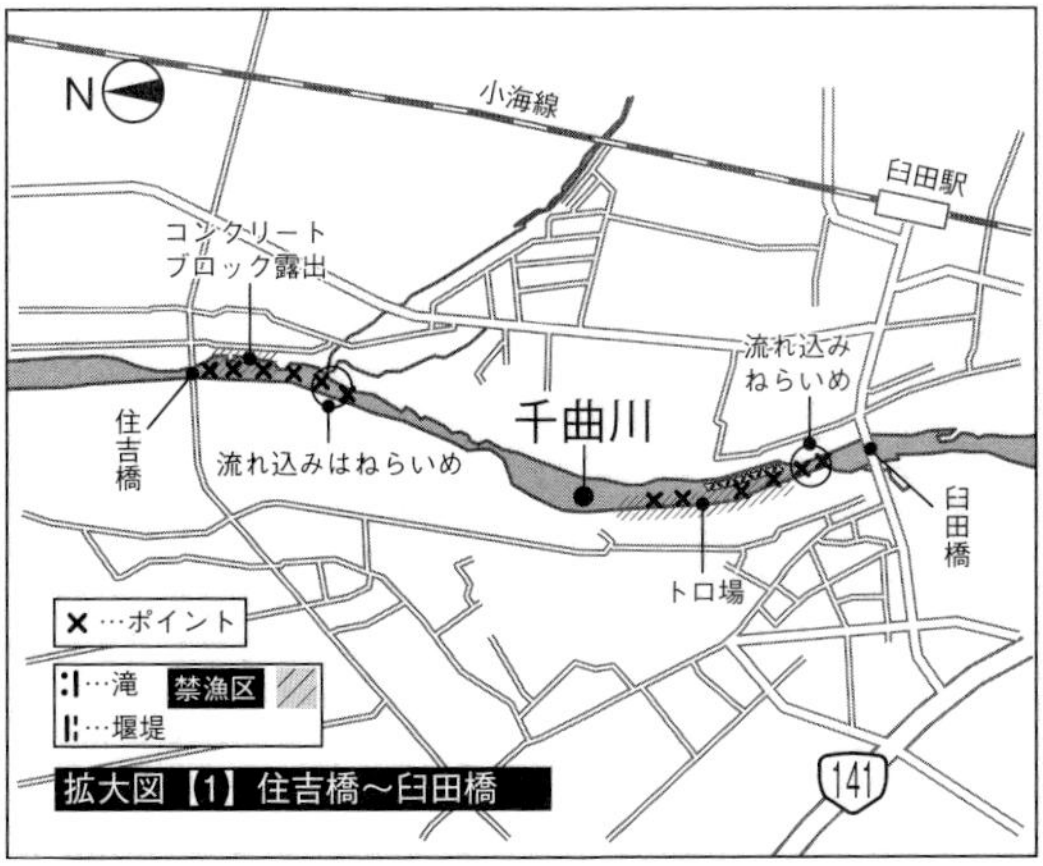

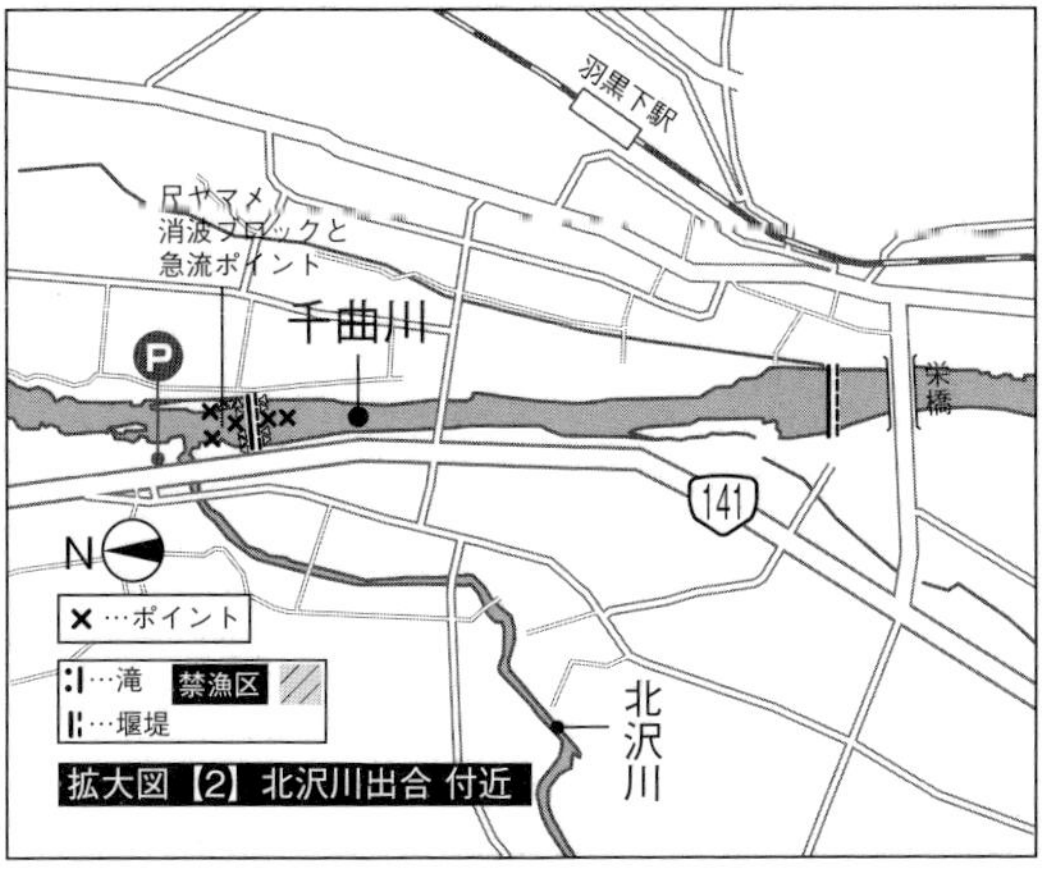

下畑橋上流の堰堤。佐久漁協と南佐久南部漁協の管轄は、この堰堤が境となる

流の堰堤付近も台風以前とは様変わりしたが、釣り場としては存外悪くなさそうだ。主流は左岸側に寄り直線的な流れであるものの、堰堤下の深みには底石も多く、イワナの付き場となっていそうだ。また8月の釣行時には大ジャンプを繰り返す良型ヤマメの姿も目にした。早期はもとより、梅雨以降は一層面白いポイントとなることだろう。

（戸門）

千曲川水系

千《ち》曲《くま》川【上流部】

イワナ、ヤマメとも大ものを育む流れ
上流部には上級者向け穴場コースも

天神橋より上流を望む。写真奥、右手より合流するのは大石川

相木川合流点。対岸に見えるのが「まちの駅こうみ」

information

●河川名　千曲川水系千曲川
●釣り場位置　長野県南佐久郡佐久穂町～川上村
●主な対象魚　イワナ、ヤマメ
●解禁期間　2月16日～9月30日
●遊漁料　日釣券1700円（現場売り2400円）・年券8400円
●管轄漁協　南佐久南部漁業協同組合（Tel0267-92-2167）
●最寄の遊漁券発売所　ローソン野辺山店（Tel0267-98-5320）、セブンイレブン南牧野辺山店（Tel0267-98-4578）
●交通　上信越自動車道・佐久小諸JCTより中部横断自動車道・佐久南IC降車。国道254、141号を経て千曲川へ。上流部へは中央自動車道・須玉IC降車。国道141号、県道68号を利用

●堰堤前後は要チェック

14頁からの下流部・佐久漁協エリアに続いて、本項ではその上流側となる南佐久南部漁協エリアについて、2020年の釣行をもとに記そう。

下畑橋上流の堰堤以遠の千曲川でポイントとなるのは、まず点在する堰堤の前後。そして忘れてはならないのが岸や中州のアシ際……だったのだが、それらのアシは多くが流されてしまった。中州の位置つまりは主流の筋そのものが大きく変わった箇所もあり、出水の凄まじさを物語っている。しかしその反面、例年この区間の千曲川は、数箇所の取水堰により水流が途切れてはふたたび戻るということを幾度も繰り返しているが、2020年の夏は長梅雨の影響もあってかどこも水量豊富だった。この状況が一過性のものかは定かでないが、仮に常態化すれば釣り場としての価値は台風以前よりも飛躍的に向上するだろう。

まず釣行時によかったのは天神橋付近。下流の堰堤下と堰堤上の右岸

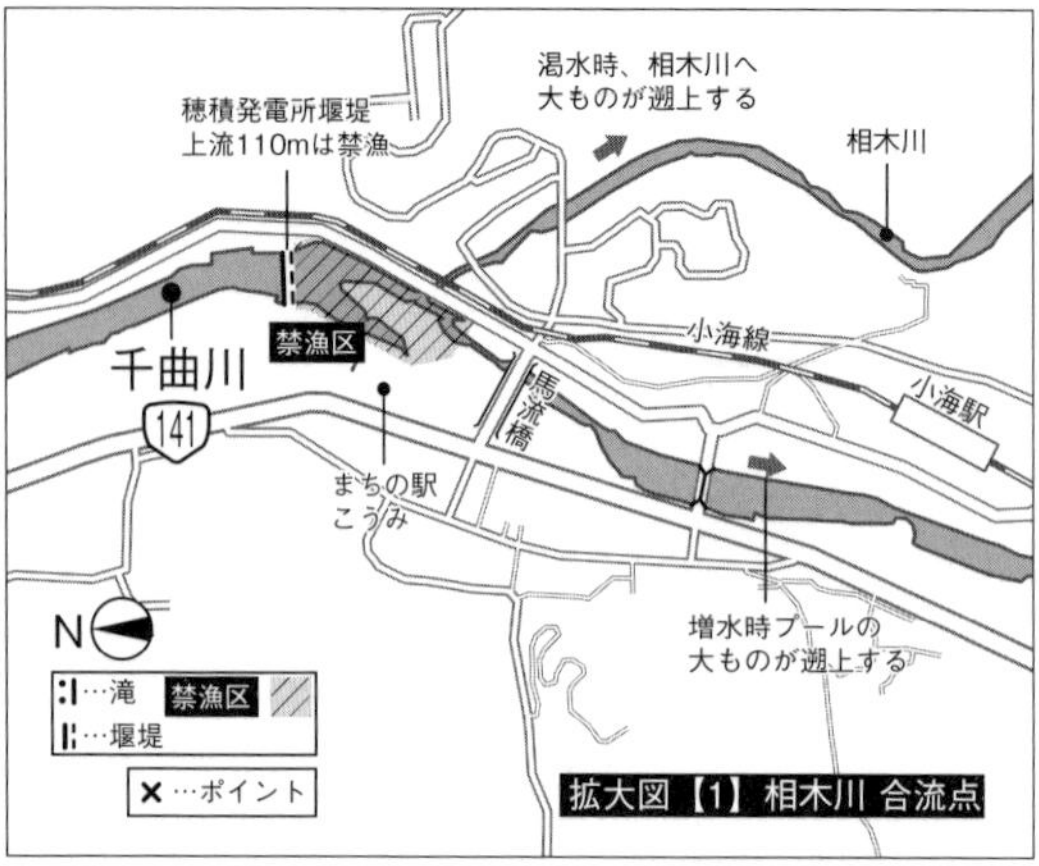

これは小海の街中で釣りあげた尺アマゴ。うっすらとだが朱点が見える

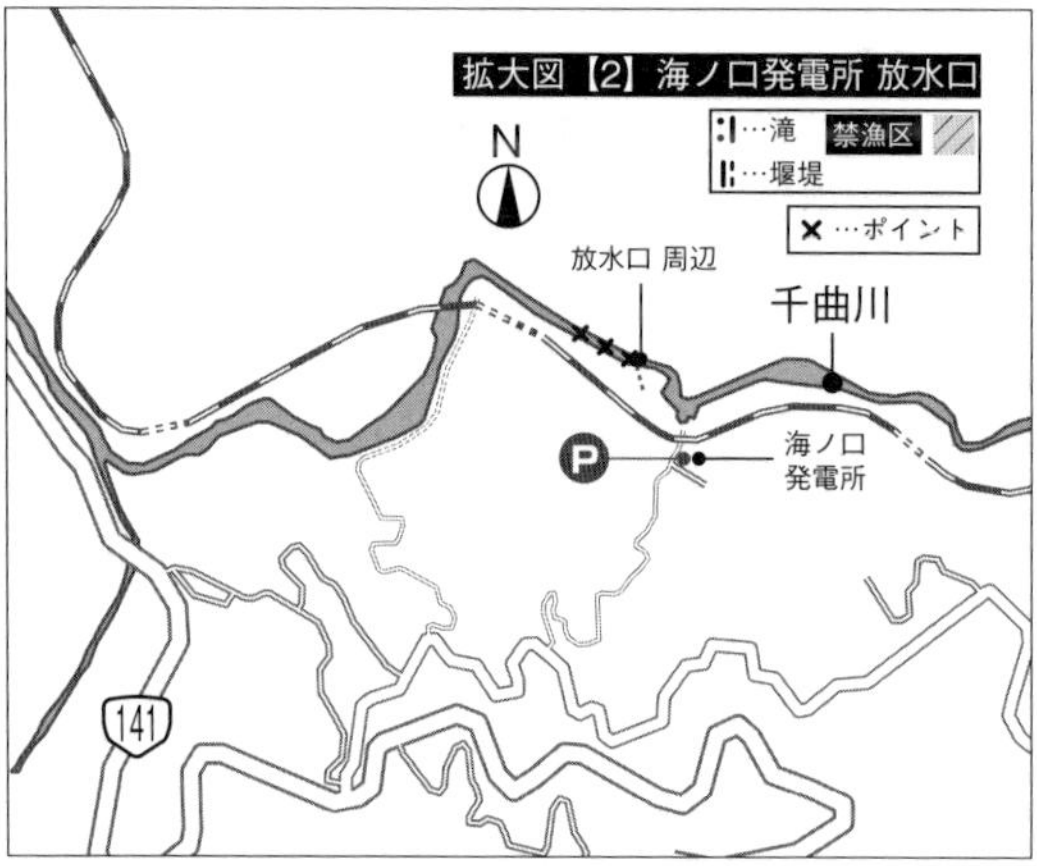

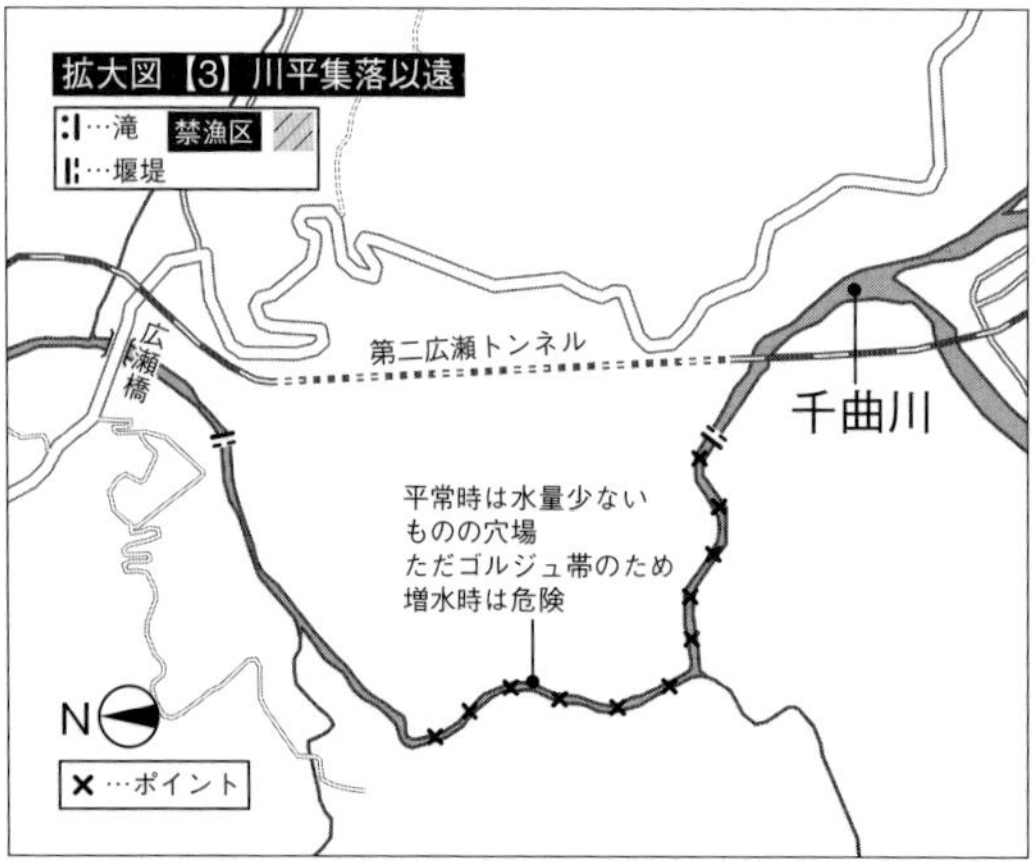

際にて好反応。橋のすぐ上ではショベルカーが作業中だったのだが……。少し上流の大石川出合でも掌サイズながらヤマメとイワナが相次いで顔を見せてくれた。

本間川出合より約200m下流の大堰堤、さらに市野沢川合流点は、反応はなかったものの過去の実績から挙げておく。

相木川合流点下流の大堰堤「穂積発電所堰堤」から上流110mの区域は危険箇所のため禁漁区。しかし堰堤上プールに潜む大ものは、水が動いた時に小海の街中まで遡る。事実、釣行時には道行く人の声援を受けながら良型イワナと尺上アマゴを仕留めることが出来た。アマゴは相木川から落ちた個体だったのだろうか。なお街中を釣る時は左岸側「まちの駅こうみ」の駐車場より河原に降りることが出来る。

以遠はしばらくの間、台風の影響か反応が薄かった。杣添川出合の大淵も、その上流の堰堤も無反応。しかし海ノ口発電所の放水口ではアタリが連発し、渓魚の存在に一安心。

●増水時の穴場コース

川平の集落を過ぎて県道68号と千曲川の流れが大きく離れる区間は、本来取水によって水量の乏しいところ。しかし、岩盤の続く荒々しい渓相のため、増水時には遡行難易度が格段に上がる穴場コース。無論、挑戦時は身の安全を第一に考えて頂きたいが、本流よりも源流に慣れた私にはお気に入りの箇所だ。2020年夏の釣行時も胸まで浸かりながらの遡行を余儀なくされたものの、40㎝近い大イワナを手中に出来た。

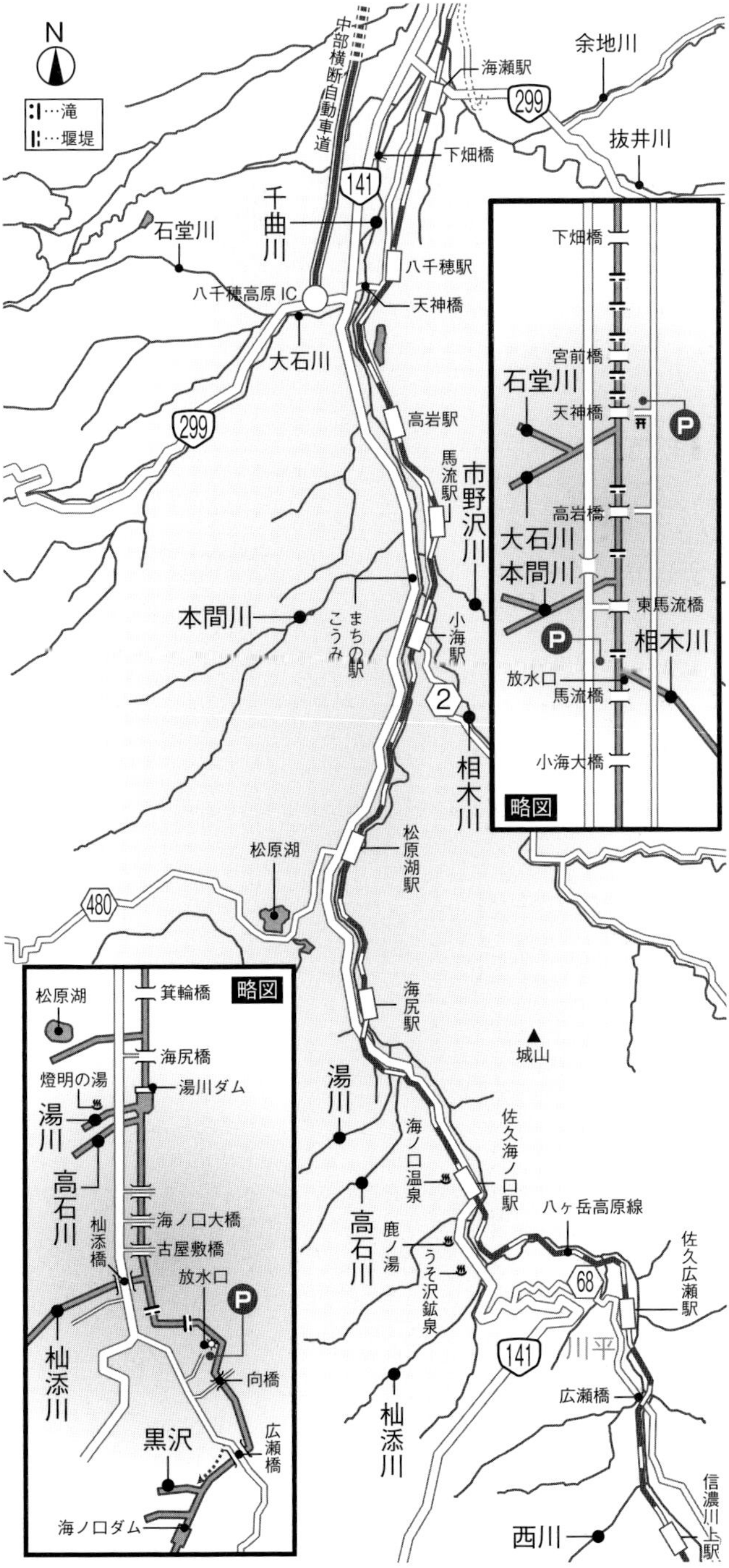

県道68号をそのまま走れば大蔵峠を経て信濃川上に至るが、改修工事中なのか男橋がなくなっていたので、上手の本郷橋などを利用するとよい。

以遠の千曲川は最源流の東沢・西沢に至るまでふたたび川幅一杯の平坦な流れが続く。主なポイントは堰堤前後や両岸のアシ際。また一見変化のないように思える平瀬やトロ場にも思わぬ良型が潜んでおり、フライやルアー釣りに向いているだろう。

　さらにこの川上地区の実績豊富な支流

海ノ口発電所の放水口。大ものの実績が高いが、危険箇所につき釣行時は要注意

川平の集落～西川出合は流れと道が大きく離れる穴場区間。結氷した解禁当初は、まるで穴釣りの雰囲気

穴場区間の川平の集落～西川出合は、増水後は遡行難度がはるかに上がるので注意されたい

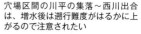

として、西川を始め、金峰山川、梓川などを挙げておく。なお三国峠を越えて埼玉県秩父市へと至る旧中津川林道（※市道大滝幹線17号線）は、やはり通行止めとなっていた。復旧の見通しは立っていないとのことである。

多くのものが変貌した千曲川本流筋。しかし私が川上地区で目にした、今も変わらないものについて最後に触れておきたい。正面にそびえる三国山も、背後に佇む八ヶ岳連峰も、川岸に延々と連なるレタス畑も、台風以前となんら変わりなくそこにあった。この光景はきっとこれからも、当地を訪れた釣り人を温かく出迎えてくれることだろう。来シーズン以降もまた千曲川でサオを伸ばしてみたい。

（戸門）

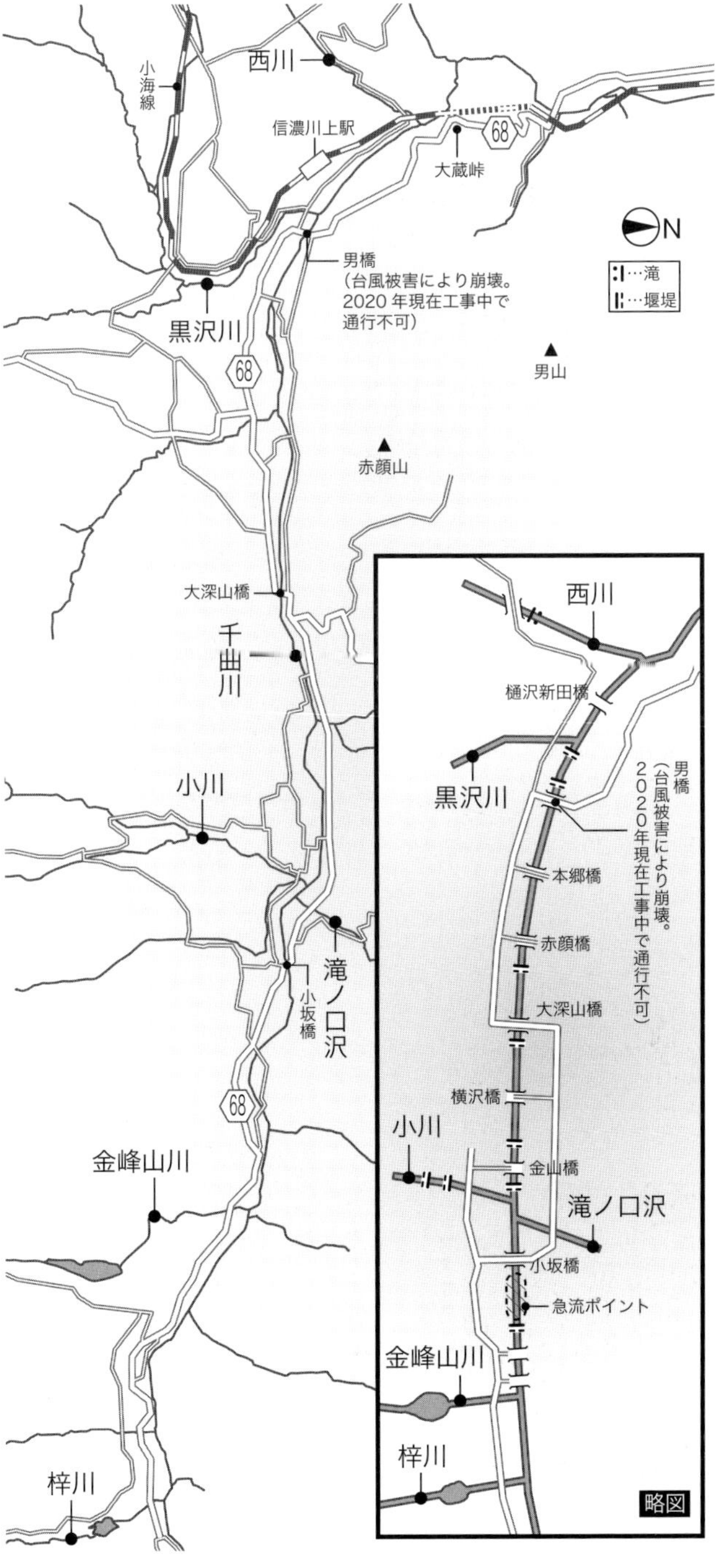

長く続く深みが「牛ヶ淵」。ブロック際や流れ込みが絶好の大物ポイント

千曲川水系

依《よ》田《だ》川・和《わ》田《だ》川ほか

変化に富む渓相の依田川。和田川はピンポイントねらい 観光・温泉・蕎麦も楽しめる

霧ヶ峰高原に連なる山々や黒曜石の主産地・和田峠に端を発する和田川は、大和橋上手で大門川と出合い依田川と名を変える。武石川、内村川といった支流を集め、千曲川へと注ぎ込むまでの流程はおよそ30㎞。遡上系大型が釣れる下流部、アシ際の数釣りが楽しめる中流部、小落差の続く深閑とした上流部と変化に富む渓相だ。周辺には美ヶ原や旧中山道の宿場町・和田宿など名所も多い。温泉や名物の蕎麦など、釣り以外の楽しみも味わえるのが依田川・和田川の魅力だ。2020年の試釣をもとに解説していこう。

●依田川

元来、主な釣り場となるのは丸子橋以遠、腰越橋下流の景勝地「大淵・中淵」の辺りからだったが、試釣時には反応なし。付近は岩盤層のため出水の続いた後では渓魚にとって居心地がよくないようだ。

腰越橋を過ぎるとやがて左岸側に上田市・依田窪プールが見えてくる。この施設を目印に、川へ降りると依田川屈指の実績ポイントに至る。「牛ヶ淵」と呼ばれる長いトロ場は今も健在だが、左岸流れ込み付近の消波ブロック帯は大きく露出。ていねいにその隙間を探ったが音沙汰なし。しかし30mほど上流の落ち込みの白泡にて目印をひったくるような強烈なアタリ。ナイロン1号の通し仕掛けが悲鳴を上げたが、50㎝超のヒレピンのニジマスを手中にする。管轄する上小漁協曰く、ニジマス放流はしていないとのことなので、千曲川からの遡上ものか、地

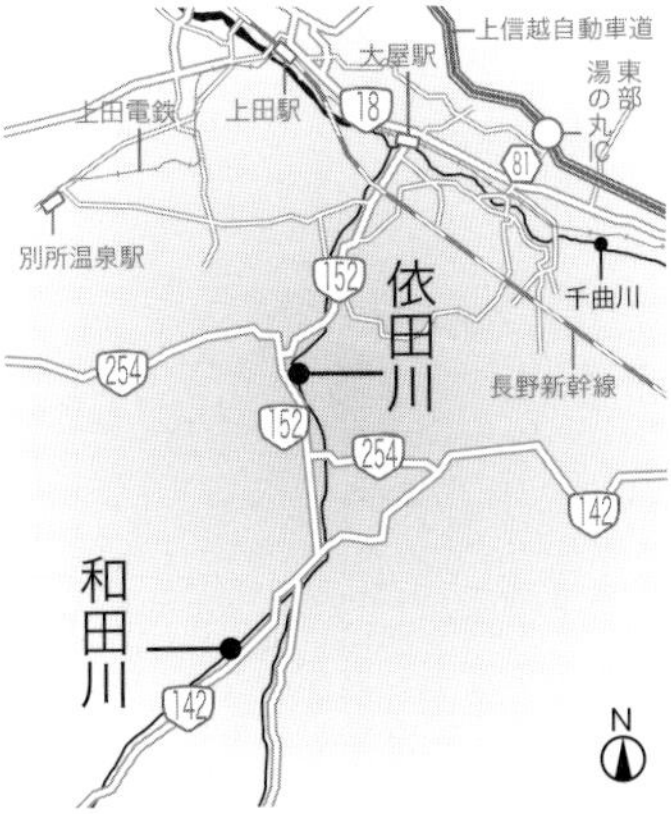

information

●河川名　千曲川水系依田川・和田川
●釣り場位置　長野県上田市～小県郡長和町
●主な対象魚　イワナ　ヤマメ
●解禁期間　2月16日～9月30日
●遊漁料　日釣券1300円（現場売り2000円）・年券6500円
●管轄漁協　上小漁業協同組合（Tel0268-22-0813）
●最寄の遊漁券発売所　セブンイレブン長和町店（Tel0268-68-3320）、ローソン信州長門道の駅店（マルメロの駅ながと内）（Tel0268-68-0388）、ほかにも付近のコンビニで取り扱いあり
●交通　上信越自動車道・東部湯の丸IC降車。県道81号、国道18、152、142号を経て依田川へ

「飛魚」付近の流れ。右手上にゴルフ練習場の高いポールが見える

大門川（左）と和田川（右）の合流点。これより下流が依田川と呼ばれる

野々入川の大堰堤。幾度となく大ものが仕留められている。増水後に好機あり

元小学校でイベント放流した個体が大きく成長したものと考えられる。

牛ヶ淵から遡行を続けると、やがて大きな取水堰に至るが、この上下流30mは禁漁区のためくれぐれもご注意を。

取水堰を越え、左岸側にゴルフ練習場の高いネット（※グリーンフォーラムとびうお）が見えてくると、依田川の渓相は一気に荒々しさを増す。ここは「飛魚」と呼ばれる急流帯で、良型の数釣りが楽しめるところだ。実釣時も25㎝前後のイワナ、ヤマメが相次いで反応を示した。

武石川出合から大門川出合に至るコースはアシの繁茂が激しく、サオ抜けとなり得る区間だったが、川荒れした箇所も多く残念ながら反応は薄かった。

●和田川

旧中山道沿いを流れる和田川は、連なる取水堰により多くの区間で水が乏しい。しかし大和橋の上流、大門川合流点から約300mの青原発電所で放水を行なっているため、この短い区間がシーズンを通して格好の釣り場となる。早期から釣

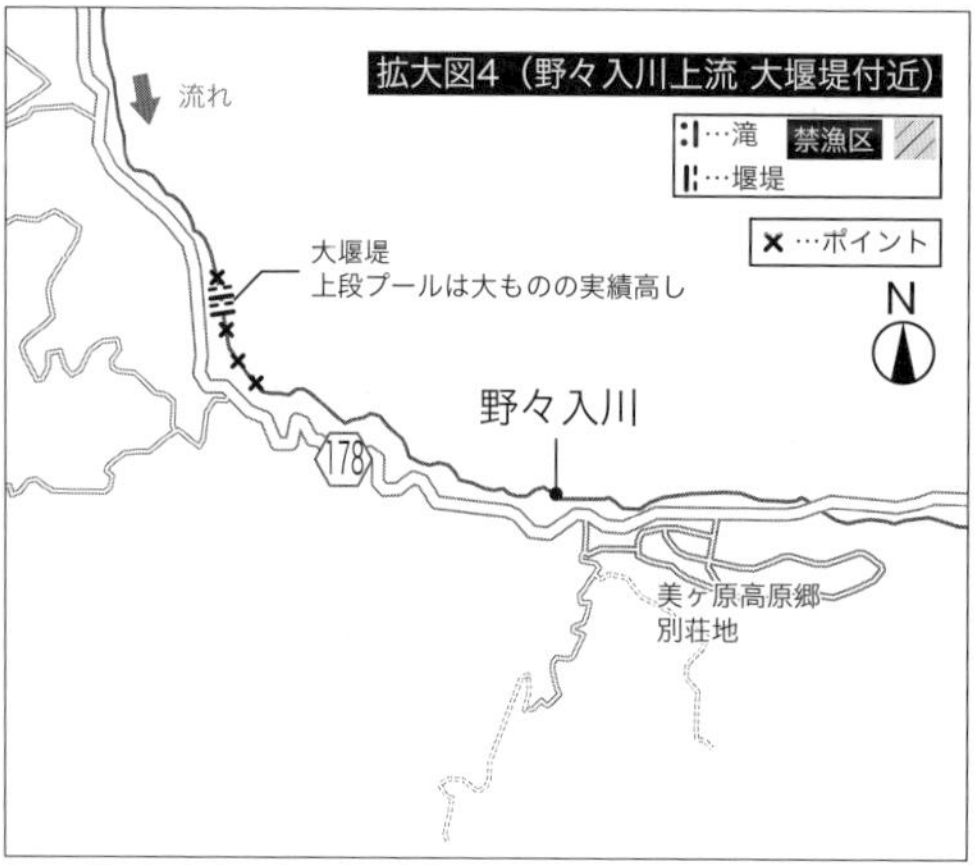

り人の姿が絶えないが、界隈を訪れたなら必ずサオをだすべきだ。

以遠は前述のとおり水涸れの続く箇所が多く、増水後のみの釣り場と考えてよい。しかしアシ際には確かに渓魚が潜むとみえて、知らずに入った釣り人が思わぬ好釣に恵まれたという話も聞く。

最上流、国道142号の観音橋付近にて右岸から男女倉沢川を迎えると、里川の雰囲気から一転深閑とした渓流の佇まいになる。20cm前後のイワナが主体だ。なお男女倉川は出合こそ取水堰の影響で水量が乏しいが、霧ヶ峰の八島ヶ原湿原を水源とするため、堰堤以遠は和田川本流以上の好釣り場。型は同様だが朱点の鮮やかなイワナに出会えるはずだ。

●大門川

流域屈指の渓流釣り場として名高い本沢を擁する大門川だが、2019年の台風の影響を最も強く受けた河川といえる。和田川との合流点を見れば、堆積した土砂により浅く直線的な流れに変貌した姿が目に映る。また前述の本沢は、本流出合の橋を工事しているため、奥へと至る道が通行不能である。

●野々入川

和田宿付近で和田川に出合う野々入川は、美ヶ原高原に端を発する。「夜の池」付近からが主な釣り場。美ヶ原高原別荘地から約１km上流の２段の大堰堤は、屈指のポイント。特に上段プールでは幾度も大ものが仕留められている。釣り人は絶えないが増水後などに勝機がある。大場所ゆえにルアーやフライが有利だ。なお付近は道幅が非常に狭いので通行・駐車にはくれぐれも注意を払いたい。

（戸門）

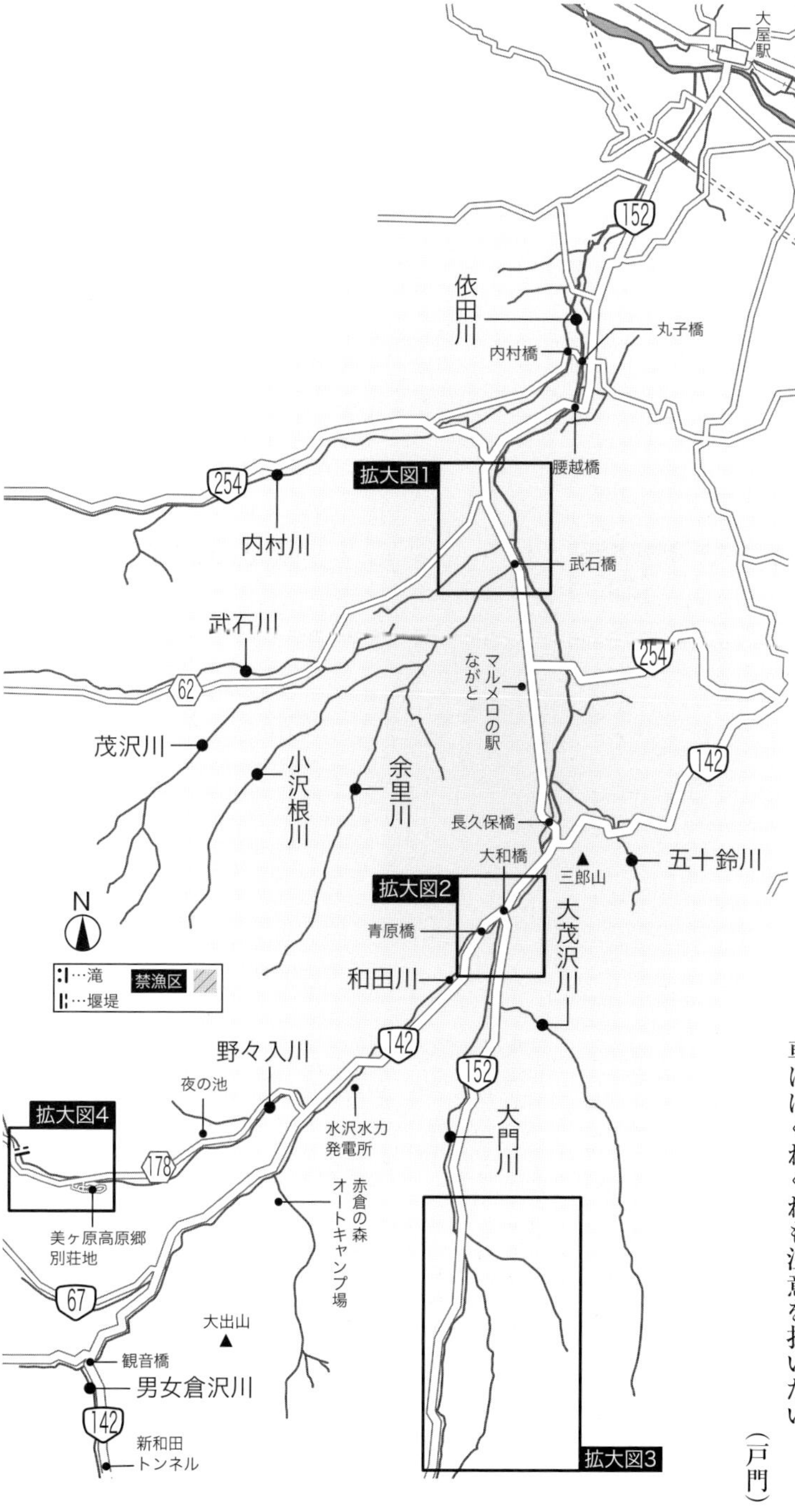

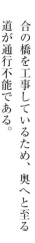

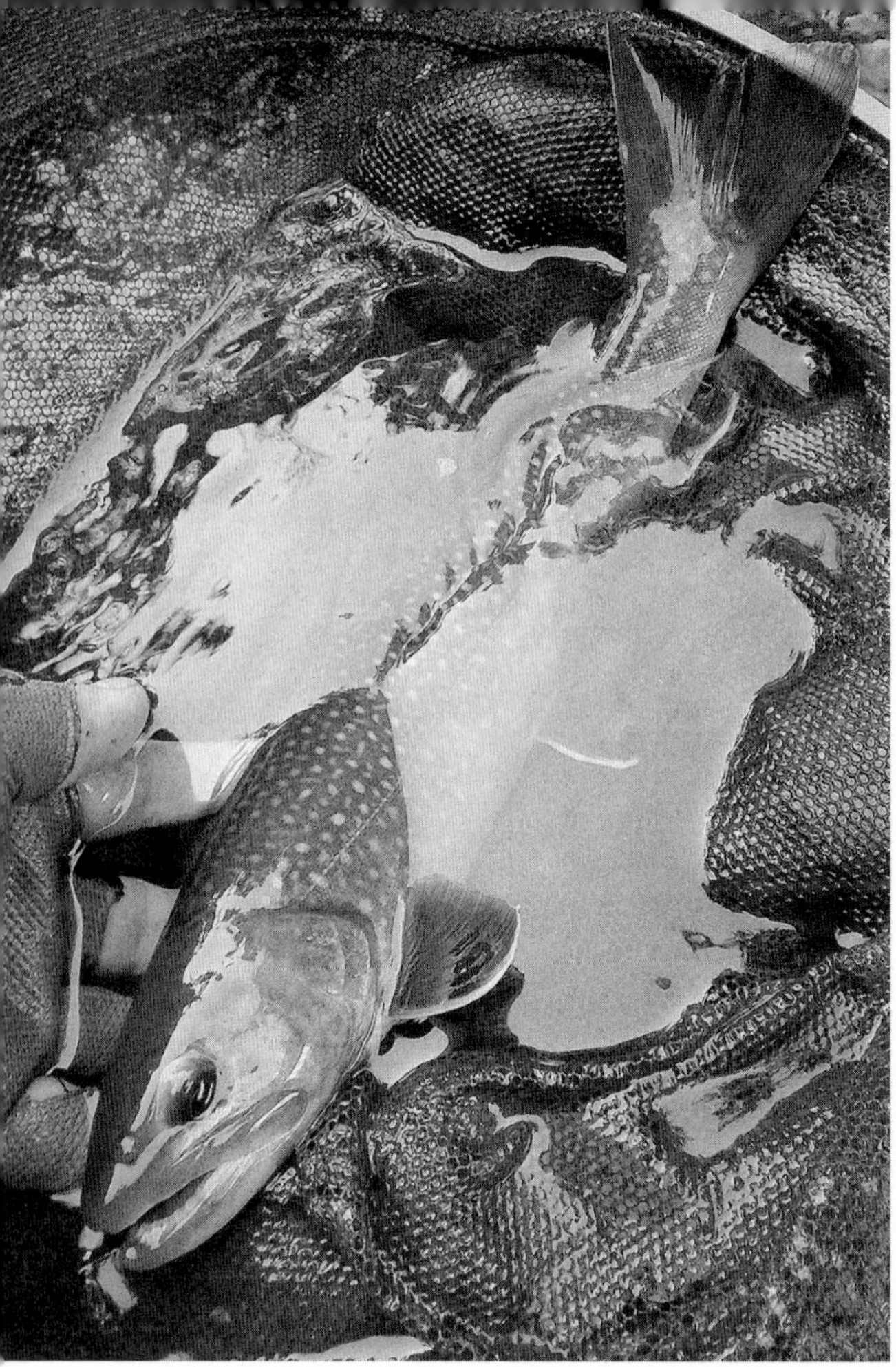

鹿曲川上流の尺イワナ。山ノ神橋先の第一堰堤にて釣り上げた

千曲川水系

鹿《か》曲《く》川《ま》

アシ際の攻略が釣果を左右する 小規模ながら良型も潜む里の佳渓

望月中学校横の小堰堤を望む

八ヶ岳連峰・蓼科山を水源とする鹿曲川は、細小路川・八丁地川・芦田川などの支流を合わせて千曲川に注ぐ。その流程はおよそ25㎞。本支流とも最上流部を除き起伏のない穏やかな流れが続き、アシの密生した典型的なボサ川といえる。解禁当初や成魚放流の直後は多数の釣り人が集うが、アシが背丈を超す季節になればそれもまばらとなる。こうして生き延びた渓魚は思いがけぬほど良型化し、忘れた頃にやって来る数少ない釣り人を

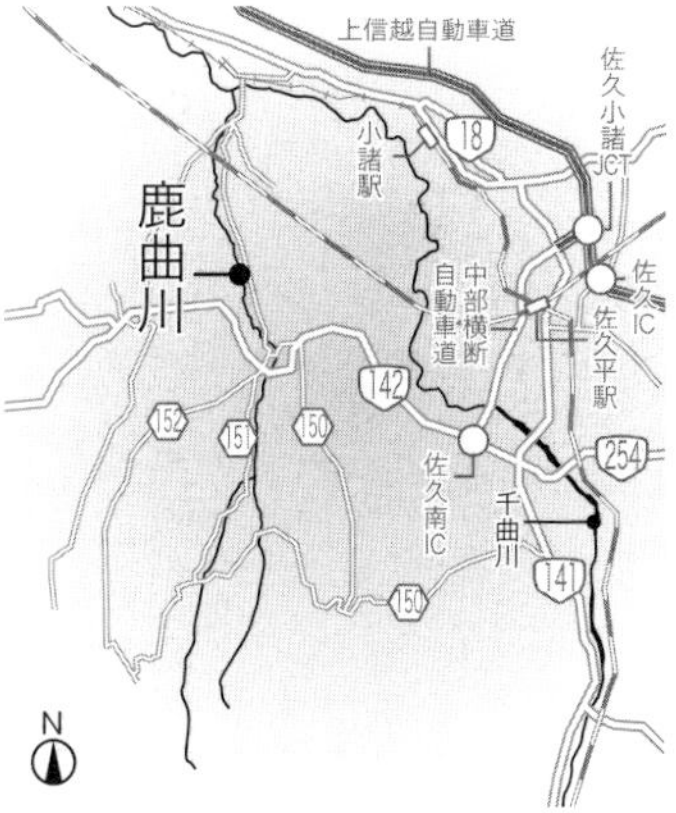

中流の流れを望む。アシが繁茂し、小堰堤が連なる里川だ

右手に見えるのが「五郎兵衛用水」の取入口。流れ込みと堰堤下で好反応だった

information

●河川名　千曲川水系鹿曲川
●釣り場位置　長野県佐久市
●主な対象魚　イワナ、ヤマメ
●解禁期間　2月16日～9月30日
●遊漁料　日釣券1300円（現場売り2000円）・年券6500円
●管轄漁協　上小漁業協同組合（Tel0268-22-0813）
●最寄の遊漁券発売所　セブンイレブン信州望月店（Tel0267-53-5544）、他にも付近のコンビニで取り扱いあり
●交通　上信越自動車道・佐久小諸JCTより中部横断自動車道・佐久南IC降車。国道142号、県道152、151号を経て上流部へ

驚かせ楽しませてくれるのだ。

　鹿曲川での釣果は、まさにこのアシ際の攻略が鍵といってよいだろう。川を縦に釣ることが苦でない人、またそうした釣法が可能ならば鹿曲川は必ず微笑んでくれる。

●鹿曲川本流

主な釣り場となるのは望月中学校横に架かる片倉橋より上流だ。しかし、解禁前に放流された個体が溜まるため早期の有望ポイントだった学校脇の小堰堤は、直下のエグレがだいぶ浅くなってしまった。

　細小路川合流点までに時折現れる小堰堤群も多くは土砂で埋まり、かつてほどの好反応を見せない。特に合流点すぐ下流の堰堤は、そこに堰堤があったことがすぐにはわからないほどだ。

　試釣時、唯一数が揃ったのはさらに100mほど下流、車両通行不可の橋下にある取水堰堤。堰堤下部と上部右岸側（※五郎兵衛用水取入口の付近）にてイワナ、ヤマメ混じりで10尾の釣果に恵まれた。ただし橋のたもとにも注意書きを見つけたが、釣り人の車に地元住民が迷惑しているとのこと。狭い農道をふさぐように停めるなどは言語道断の行ないなので注意したい。

　細小路川を分けてからの鹿曲川の流れだが、これがなかなかどうしてよい。川幅は一層狭く、アシも覆い被さるように生い茂るが、堰堤下は深く、大石の周り

山ノ神橋先の第一堰堤。沈むコンクリートの隙間に良型が潜む

鹿曲川上流部の渓相。豊かな木々が流れを育む

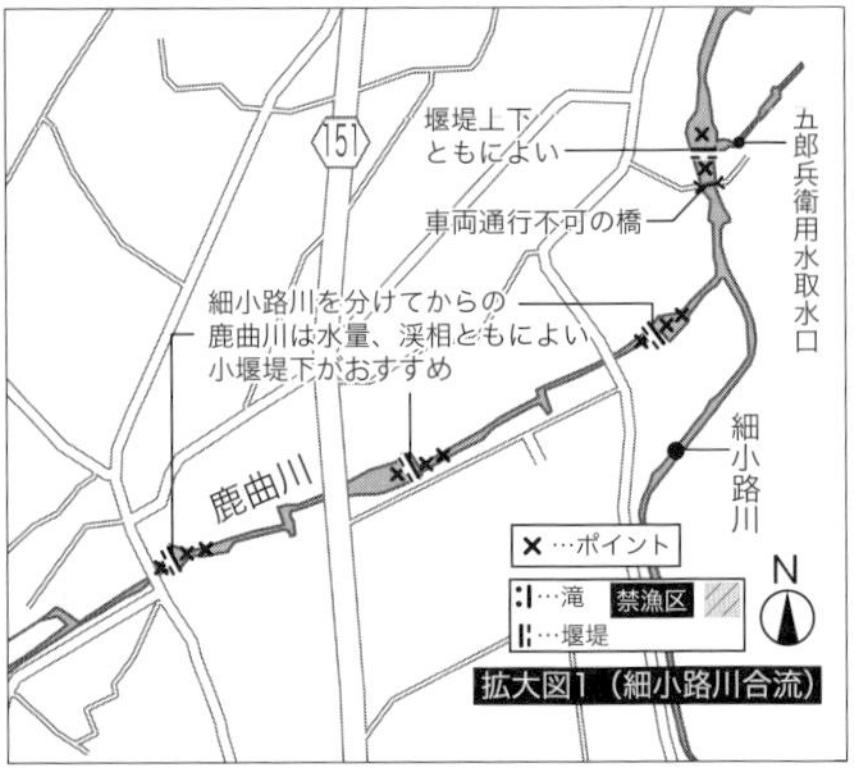

でも好反応。どうやら多くの土砂を流出させた犯人は細小路川だったようだ。春日温泉付近まで同様の水量、渓相は続く。アシ際を丹念に探れば、きっと楽しむことが出来るだろう。

春日温泉を過ぎ、山ノ神橋を迎えるまでに数基の大堰堤がそびえるが、堰堤下の深みにかつての面影はない。橋を渡り鹿曲川を右手に見るようになると、渓相はボサ川から一変する。苔生した大小の石が連なり、鮮烈な流れが木々の隙間を縫うように走る。中流部ほど数や型は望めないが、沢らしい美しい1尾に出会えるコースだ。

山ノ神橋を過ぎてすぐ林道から見える堰堤とその上の三段堰堤は大もの実績ポイントのため、油断せぬように。常に釣り人がねらう場所ではあるが、増水後などタイミングが合えば必ず良型に出会えるはず。2020年夏の試釣時は、下段堰堤下のコンクリートブロックの隙間で尺イワナを手中にした。さらに800mほど先にそびえる大堰堤は、このところ芳しい釣果を聞かない。

なお鹿曲川林道はかつて最上流、獄入橋のゲートまで車両が通行出来たが、２０２０年現在、前述の大堰堤近くの大きくＳ字を描くカーブ箇所が道路崩落のため通行止めとなっている。獄入橋より上流は春日渓谷と呼ばれ、広葉樹林が広がる美しい渓であったが、今や遠くになりにけりだ。

●細小路川

鹿曲川出合までの流程は約８km。アシの生えた平瀬の続く流れは鹿曲川本流と同様。近年はむしろこの細小路川で思わぬ大ものが上がっていたが、２０１９年の台風により大打撃を受けた。特に中下流部は魚の気配が皆無。今は復活の時を待ちたいと思う。

（戸門）

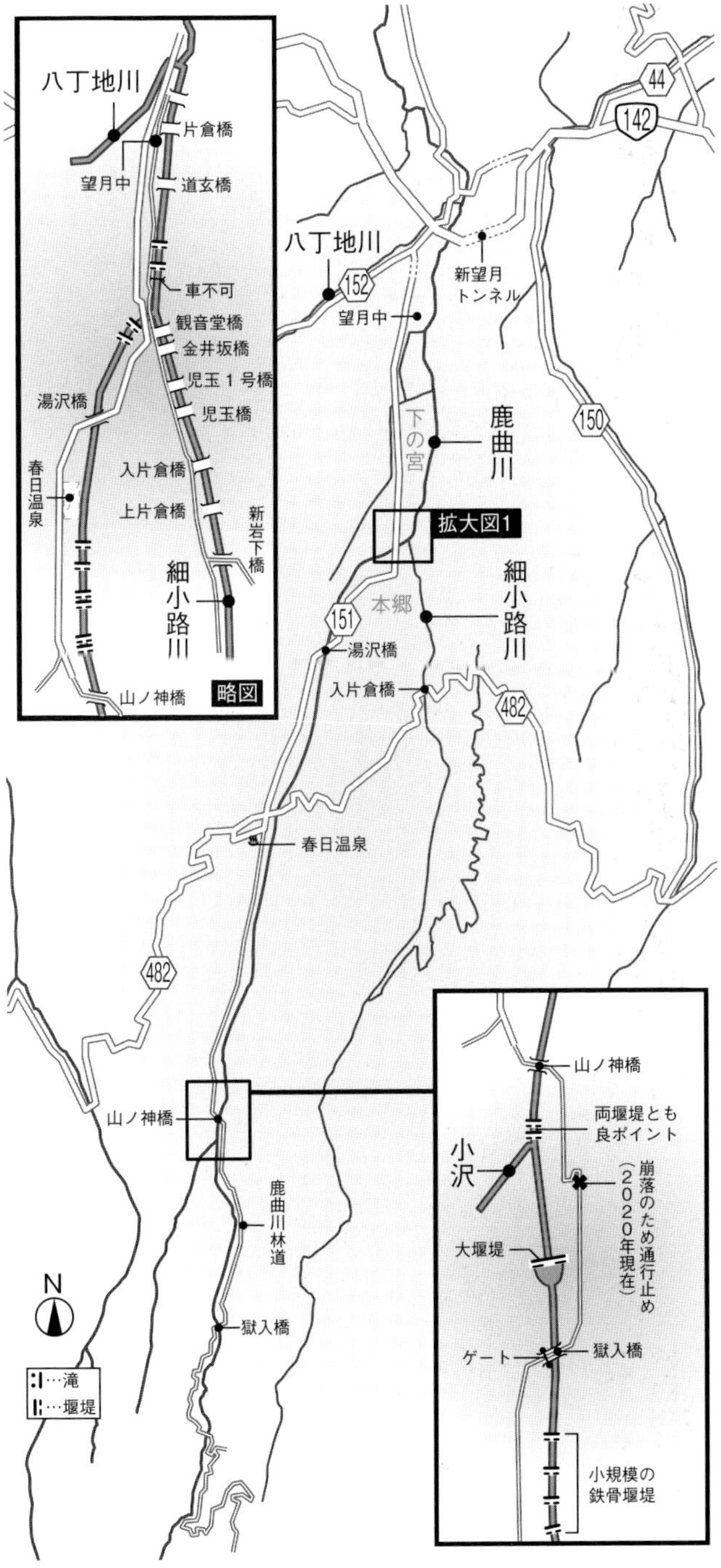

立岩の滝を望む。ここから立岩湖下流の堰堤まで流域屈指のポイントが続く

千曲川水系

相《あい》木《き》川

南相木川・北相木川ともに奥行の深い好釣り場
台風被害が回復するまでは南相木川がおすすめ

ぶどう峠など長野・群馬県境の尾根筋を水源とする南北の相木川は、川又地区にて両川が出合った後、さらに5㎞強下って千曲川に流れ込む。千曲川支流の中でも屈指の釣り場として名高く、放流量も豊富。南北ともに奥行きが深く、今も多くの釣り人が通う渓だ。

しかしその中下流部は、やはり2019年の台風19号により大きな被害を受けた。特に県内で降水量が顕著であった北相木川流域では、長者の森付近を始め多くの流れが土砂で埋まった。2020年現在もいくつかの区間で河川工事は続き、濁りが生じている。よってここでは北と比べて台風の影響が少なかった南相木川を中心に記述したいと思う。

●相木川

相木川はその最下流部、千曲川合流点から釣り場が始まる。一見すると平瀬が続き、ポイントらしいポイントは見えないが、渇水の夏は冷水を求めて千曲川から相木川へ遡上する個体も多く（※大水の時は逆に千曲川本流へ落ちた個体が小海の街中へ遡る）、穴場の区間。ただし、盛期は川又の南北相木川合流点付近まではアユ釣り愛好家の姿も多いので、譲り合いの精神で楽しんで頂きたい。

南北相木川の合流点。左奥が南相木川、手前が北相木川。撮影日（2020年8月11日）、北相木川は泥濁りだった

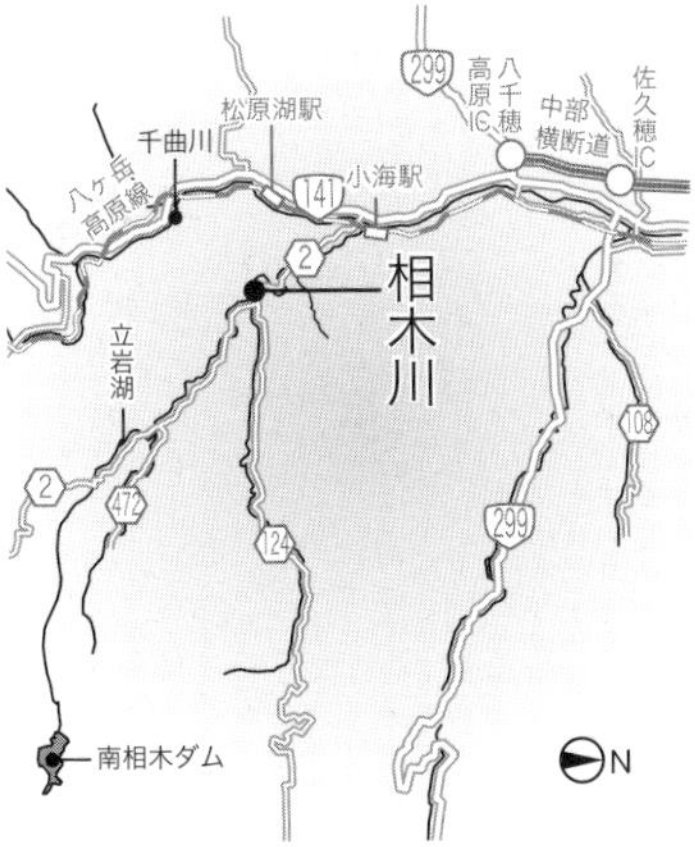

相木川最下流部を千曲川から望む

●南相木川

北相木川と分かれた南相木川は、まず長い直線状の流れを見せるが、ここはいつも魚影が走るポイントだ。盛期は手前のヒラキに定位している個体が多いので、散らせないように探りたい。以遠はしばらくの間、護岸帯とアシ際を流れる典型的な里川の雰囲気。落差はほとんどないのどかな流れが続く。併走する県道2号（※川上佐久線）を利用しつつ、ここぞという区間でサオをだすとよい。

県道をひた走るとやがて南相木小学校の向かいに「おみかの滝」表示がある。ここからも遊歩道を使い滝まで降りられるが、釣りの場合は国道を500mほど戻り、分岐を川方向へ。案内表示にしたがって小径を進めば、おみかの滝のすぐ下に車で辿り着ける。上ん淵、中ん淵、下ん淵を合わせて御三甕《おみか》の滝と呼ぶが、下段からていねいに探っていくとよい。

観光用トンネルを利用して右岸の岩肌を伝えば、中ん淵目前にも降り立てる。中ん淵の滝壺は底が見えないほど深く、爆風も相まって恐怖を感じるほどだが、2020年の釣行時も8寸前後のヤマメと、朱点薄めのアマゴが相次いで姿を見せてくれた。

与代橋上流にて左手から出合う栗生川も、小渓ながら渓魚が棲む。しかし台風の影響がはなはだしく、流れはずいぶん様変わりした。合流点は平瀬ながら魚影多し。また栗生川を分けてから南相木川を三川と呼ぶ。

●三川（南相木川上流部）

加佐の集落を過ぎ、県道が一気に高度を上げたあたりで、対岸に衝立状の大岩

information

●河川名　千曲川水系相木川
●釣り場位置　長野県南佐久郡小海町
南相木村
●主な対象魚　イワナ、
ヤマメ（アマゴ）
●解禁期間　2月16日～9月30日
●遊漁料　日釣券1700円（現場売り2400円）・年券8400円
●管轄漁協　南佐久南部漁業協同組合（Tel0267-92-2167）
●最寄の遊漁券発売所　ローソン野辺山店（Tel0267-98-5320）、セブンイレブン南牧野辺山店（Tel0267-98-4578）、滝見の湯（Tel0267-91-7700）
●交通　中部横断自動車道・八千穂高原ICを降り、国道299、141、県道2、124号を経由して南相木村方面へ

おみかの滝を望む。滝壺には良型が潜む

栗生川（左）と相木川の合流点の渓相

立岩湖ではシナノユキマスも釣れる

が現われる。これが立岩であり、その足下を流れ落ちるのが流域屈指の名ポイント・立岩の滝だ。立岩正面に自動車1台分の駐車スペースがあり、その足下から川縁まで遊歩道が延びる。

2020年夏の釣行時は、落ち込みの白泡の中でサオを絞る強烈なアタリ。釜の中を縦横に暴れ回った相手は尺ものの美形アマゴだった。南佐久南部漁協によると、現在アマゴの放流はせず、ヤマメとイワナのみとのこと。まるで先祖返りでもしたかのようなくっきりとした朱点に驚き、魅入ってしまった。

水量の乏しい時は、右岸の際を登り滝上部に出て、立岩湖の落ち込みまでを探るとよいだろう。遡上止のため良型の実績は高い。なお、立岩湖は北相木の加和志湖と並びシナノユキマスが釣れることで知られている。

立岩湖を見送るとやがて南相木温泉「滝見の湯」だ。南相木川の釣行帰りに汗を流すにはうってつけの立地で、入口では『釣りキチ三平』の三平君オブジェが出迎えてくれる。そして温泉の裏手に

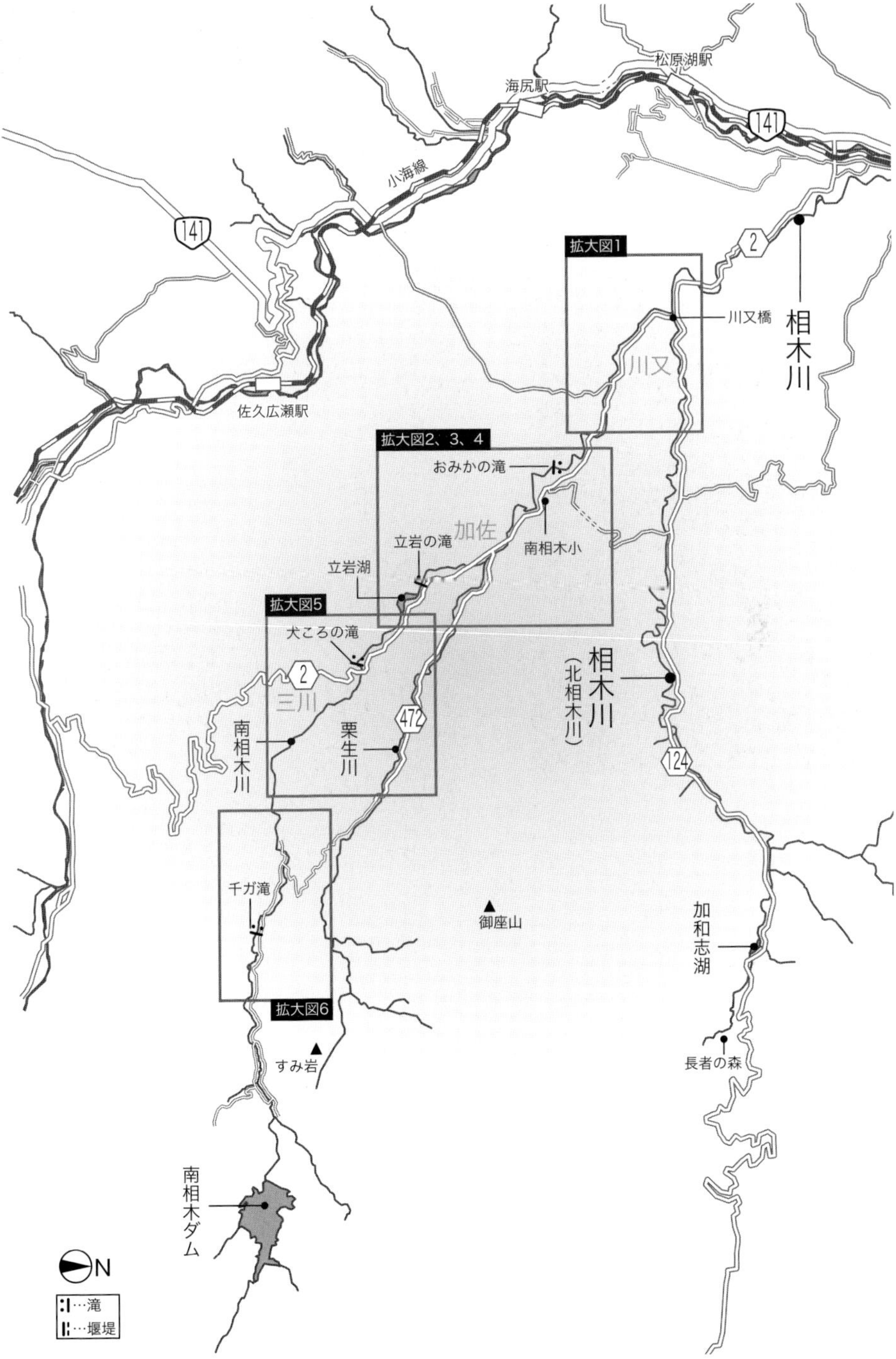
松原湖駅
海尻駅
141
小海線
141
佐久広瀬駅
拡大図1
2
川又橋
相木川
川又
拡大図2、3、4
おみかの滝
加佐
立岩の滝
南相木小
立岩湖
拡大図5
犬ころの滝
2
三川
相木川
(北相木川)
南相木川
栗生川
472
124
拡大図6
千ガ滝
御座山
加和志湖
すみ岩
長者の森
南相木ダム
N
…滝
…堰堤

犬ころの滝側にある『滝見の湯』では三平君のオブジェが出迎えてくれる

犬ころの滝を望む。盛夏には子供らの遊び場と化す

立岩の滝で出た良型アマゴ。先祖返りのごとき朱点の鮮やかさだ

南相木川上流は三川と呼ばれ森閑とした雰囲気が続く

あるのが、犬ころの滝だ。かつては良型の釣れたポイントであったが、近年そうした情報はほとんど聞こえない。また盛夏ともなれば観光客や地元の子供らの水遊び場と化すので、この時期サオをだすのはあきらめたほうがよいだろう。

以遠はふたたび穏やかな渓相が続く。三川集落付近ではボサ川となるものの、栗生坂橋を過ぎた辺りから落差が生まれ出す。やがて眼前に現われるのが千ヶ滝だ。落差も滝壺の深さもさほどではないが、大きく広がった釜には泳ぎ回る渓魚の姿も見えた。早期は深場が中心となるが、梅雨以降はヒラキに良型が付いているのでていねいに探りたい。

さらに上流は奥三川とも呼ばれ、雰囲気のよい流れが続くが、南相木ダム下流の貯砂ダムから上流域の本川とその間に流れ込む支流の全域は、禁漁となっている。大黒沢を分けてしばらく行くと目印の看板があるので注意してほしい。

（戸門）

N
アシ際に魚影あり
川又橋
川又
南相木川
2
相木川
124
お猿橋
明徳橋
田屋橋
拡大図1・川又付近

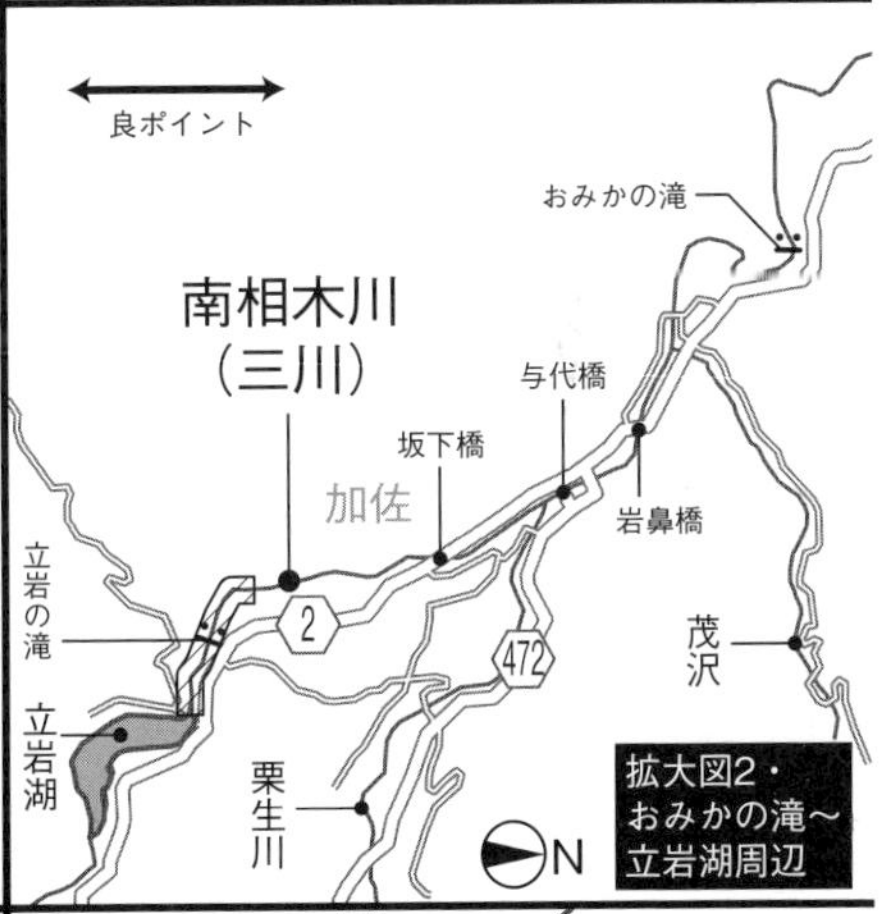
良ポイント
おみかの滝
南相木川（三川）
与代橋
坂下橋
加佐
岩鼻橋
立岩の滝
2
472
茂沢
立岩湖
栗生川
N
拡大図2・おみかの滝〜立岩湖周辺

南相木川
2
南相木小
おみかの滝
N
拡大図3・おみかの滝
…駐車場所
…駐車場所
…車両通行不可の橋
…遊歩道
…トンネル
…良ポイント

N
南相木川
立岩の滝
2
堰堤
立岩湖
※立岩の滝〜堰堤は良ポイントだが
大雨のときなど立岩湖の放水量が
増えるので危険。注意されたし
…滝
…堰堤
…良ポイント
拡大図4・立岩の滝

南相木川
2
滝見の湯
犬ころの滝
立原橋
三川
N
拡大図5・犬ころの滝周辺

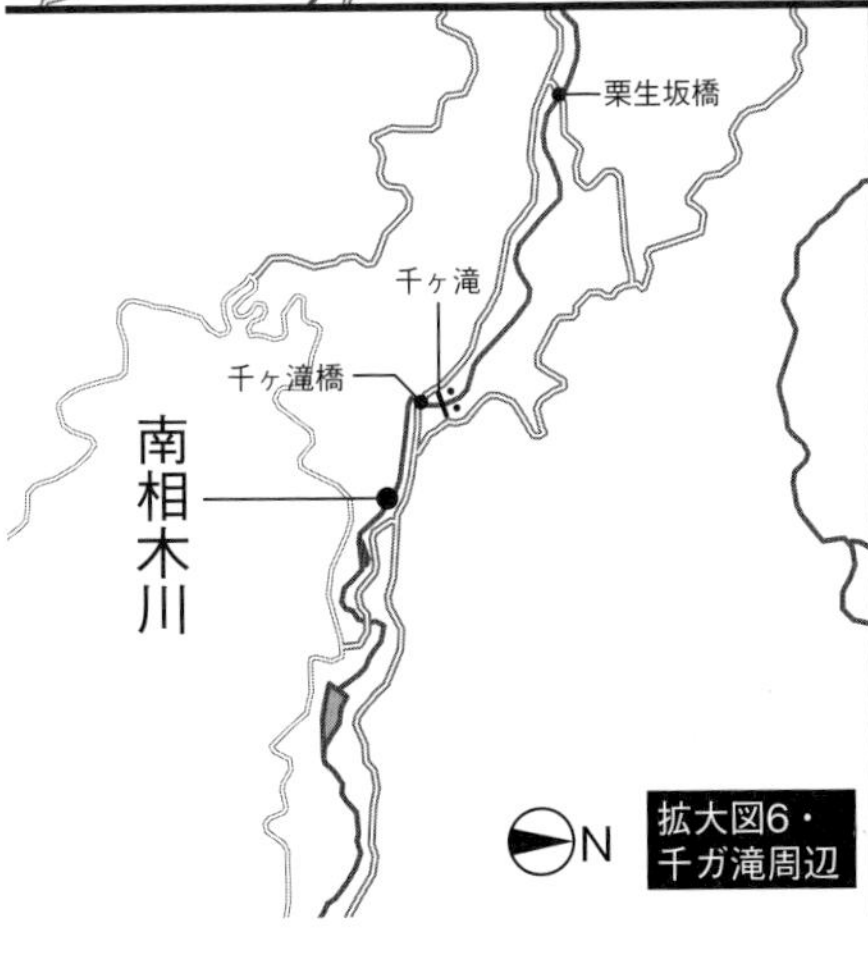
栗生坂橋
千ヶ滝
千ヶ滝橋
南相木川
N
拡大図6・千ガ滝周辺

千曲川出合からはアシに囲われた直線的な流れが続く

千曲川水系

杣添川《そまぞえ》

大小の堰堤が点在し変化に富む渓相 源流部は広葉樹の森に包まれた流れ

南八ヶ岳連峰の第二峰・横岳から流れ出で、南牧村海ノ口にて千曲川と出合う杣添川。流程は約12㎞と中規模の渓流だが、変化に富んだ渓相と、早期から釣りになることもあり、非常に人気の高い川だ。特に、本流出合から始まる区間には入れ替わり立ち替わり釣り人の姿が見受けられる。

そのため最近では魚影が少なくなりつつあるようだが、型は相変わらずよく、時に40㎝前後の大型がサオを大きく引き絞ってくれる。また試釣時に感じたのが、「2019年の台風19号の影響をあまり受けていないのでは？」ということだ。これはあくまでもよその支流と比較してのことではあるが……。

●下流（千曲川合流点～約2㎞先の大堰堤）

まず中・下流部に入渓する時の駐車場所に関して。右岸伝いに走る農道は道幅も狭く、特に夏場は深夜から早朝にかけて大勢の農家さんが行き交う。こんなところに車を停めるのはもってのほかだ。杣添橋のたもと、自販機が建ち並ぶ駐車

第１堰堤。下部の深みに良型が潜む

information

●河川名　千曲川水系杣添川
●釣り場位置　長野県南佐久郡南牧村
●主な対象魚　イワナ、ヤマメ
●解禁期間　2月16日～9月30日
●遊漁料　日釣券1700円（現場売り2400円）・年券8400円
●管轄漁協　南佐久南部漁業協同組合（Tel0267-92-2167）
●最寄の遊漁券発売所　ローソン野辺山店（Tel0267-98-5320）、セブンイレブン南牧野辺山店（Tel0267-98-4578）
●交通　中央自動車道・長坂IC降車。県道32号、国道141号で野辺山方面へ

第１堰堤で出た尺イワナ

スペースを利用したい。釣行時用の飲料購入は、ここでするのが礼儀であるのはいうまでもない。

　前述のとおり千曲川出合から始まる杣添川の釣り場だが、出合の本流側に広がる大淵は、かつて大型遡上魚の溜まるところとして知られていた。しかし今現在、台風の影響か淵は大半が埋まりかつての面影はない。

　杣添川に入ると両岸をアシに挟まれた直線的な流れが続く。しばらくはこうしたアシ周りの攻略がキモとなり、約700mで第1堰堤に至る。以前はヤマメも数多く姿を見せた区間だが、昨今はイワナが主。堰堤下のエグレには変わらず良型の気配が漂う。実際、2020年の釣行時にはこの堰堤で36㎝を頭に数尾の良型イワナを仕留めた。

　さらに100mほどで第2堰堤。両堰堤間の短さゆえ、第1堰堤ほどの釣果は聞こえないが、増水後などに本流差しの大ものが付いている有望ポイントだ。特に9月半ばを過ぎて一雨あった時などは、忘れずサオを伸ばしたい。その際は太め

大堰堤。遡上止となっているので注意深くサオを伸ばそう

第２堰堤。増水後に必ずねらいたいポイント

杣添川の最上流部。豊かな広葉樹林が広がっている

最も安定した釣果が望めるのがこの小堰堤付近だ

のイトで万全の心構えをしておこう。

第2堰堤以遠はふたたびボサ川の様相。やがて右岸の農道が終わった辺りから、杣添川は林間の流れに変わる。およそ500mで遡上止となる大堰堤。大堰堤上段はたたき台で渓魚の付き場はないが、下段の小さな落ち込みは侮り難し。不用意に近づくと思わぬ大ものを走らせてしまう。千曲川出合からこの大堰堤までがおよそ2km強。ゆっくり釣り上がれば半日ほどのコースである。

●大堰堤〜千ヶ滝

大堰堤以遠はカーブが連続し、小規模な落ち込みなど変化に富んだ渓相が続く。そして大堰堤から約1kmで小堰堤。この小堰堤こそが、近年もっとも魚影の多いポイントと私は思う。盛期の釣りは元より、解禁当初に訪れたなら年越しの良型に出会える可能性大。ただし例年の積雪量ならば周辺は一面の銀世界で、川縁も凍り付いた状況となる。挑戦時はくれぐれも安全第一で、初泳ぎなどしないよう気を付けてほしい。

さらに1㎞ほど行くと杣添川の核心部を迎えるが、近頃この辺りは水量減も手伝って芳しい釣果を見ない。千ヶ滝の直下も釜らしい釜はなく、ボウズに終わることが多い。千ヶ滝まで詰めた場合の帰路を思えば前述の小堰堤までで引き返すのが無難だろう。

●千ヶ滝上流

千ヶ滝以遠の釣りは、国道141号を野辺山方向に進み、「市場」の交差点を海ノ口別荘地へ向かう。滝上からしばらくは取水の影響大でサオをだすまでもない。

釣り場となるのは別荘地付近から。別荘所有者の迷惑にならぬよう、併走する遊歩道から川縁へ。青く澄んだ清流の美しさは流域屈指。二叉出合（※右が北沢、左が南沢）までの区間は短いが小滝や淵もあり、20㎝前後の美麗なイワナが楽しませてくれるはずだ。水の透明度は高く、ミミズよりも川虫、さらにいえばエサよりも毛バリの釣りに分があるコースである。豊かな広葉樹の森が広がる杣添川源流部。他の千曲川支流と比べて土砂の流出が思ったほどでないのは、ここに理由がありそうだ。（戸門）

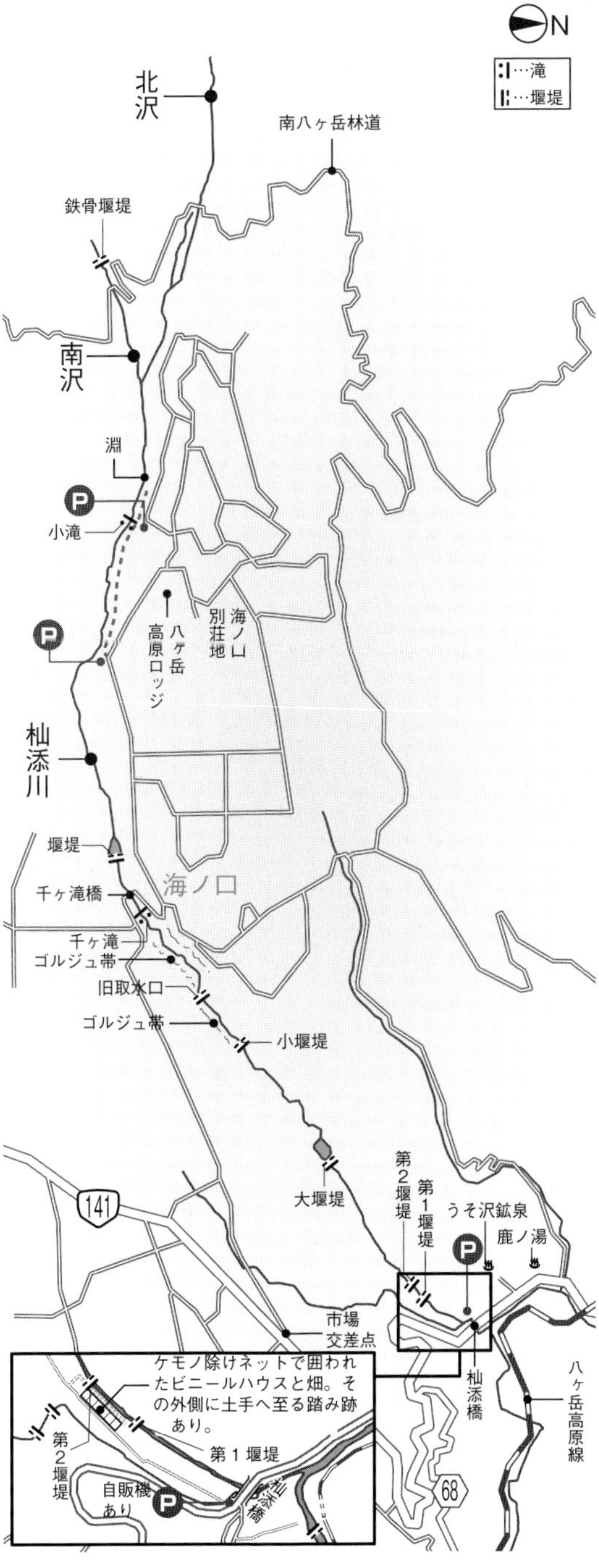

犀川水系
奈良井川支流

鎖《くさり》川

初心者にもお勧めの開けた里川渓流
春は急な冷え込みに注意。本格シーズンは5月中旬から

針尾橋下流の流れ。アユ釣り場のような開けた渓相で気軽に楽しめる

木曽川源流との分水、鉢盛山と烏帽子岳から流れ出る支流を集め、朝日村から松本市で奈良井川に合流する、延長17㎞ほどののどかな山村を流れる里川。真夏でも水温は低く、透明度の高い流れが特徴だ。釣れるヤマメやイワナはよく引き締まった美しい魚体が多い。また、初心者でも気軽に釣りが出来る川でもある。

　野俣沢林間キャンプ場付近で合流する3本の沢＝中俣沢、樫俣沢、野俣沢の沢筋は、年により禁漁区が入れ替わる。2020年現在は、本流筋の中俣沢が同年より3年間禁漁。キャンプ場上流部を目差す場合、事前に確認するなど、ご注意願いたい。また、キャンプ場周辺には駐車場があるが、キャンプ場利用者以外は使用出来ないのでお忘れなく。

　奈良井川水系の解禁は毎年3月1日。周囲を山に囲まれた地域のため、解禁当初は雪深い場合があるが、鎖川沿いを走るヘルシーフラワーロードは朝日村の除雪作業が行き届き、アクセスは比較的容易。ただし駐車スペースが少なくなる。

　この地域は5月でも急な冷え込みがあ

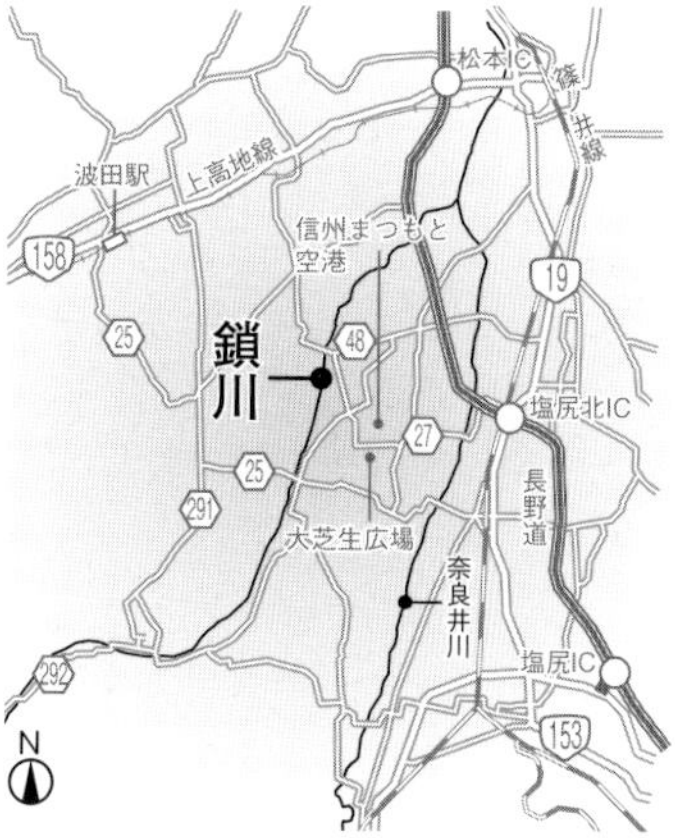

information

●河川名　犀川水系奈良井川支流鎖川
●釣り場位置　長野県東筑摩郡朝日村
●主な対象魚　イワナ、ヤマメ
●解禁期間　3月1日～9月30日
●遊漁料　日釣券1000円（現場売り2000円）・年券6300円
●管轄漁協　奈良井川漁業協同組合（Tel0263-53-1505）
●最寄の遊漁券発売所
吉江釣具店　Tel0263-52-0569
ファミリーマート信州朝日村店（Tel0263-99-1003）、セブンイレブン松本今井店　Tel（0263-50-3677）、セブンイレブン塩尻洗馬店（Tel0263-54-3750）、セブンイレブン塩尻牧野店（Tel0263-53-6244）、セブンイレブン木曽楢川平沢店（Tel0264-34-3503）
●交通　長野道・塩尻北ICから県道27、298、292号を経由して鎖川へ

るので、装備は怠らないようにしたい。水温が上がる日中は楽しめるが、春の風が思いのほか強い日もある。本格的なシーズンは5月中旬から。ヤマメが多いがイワナも混じる。

釣り場としては、朝日村と松本市境付近の赤坂橋より上流部がよい。それより下流はウグイやアブラハヤが多くなる。今回紹介するのは、朝日橋（JAガソリンスタンドが目印）から上流、キャンプ場までの5㎞区間で標高は800～950m。護岸がキャンプ場のある三又まで続き、堰堤ごとに梯子が取り付けられているが、入川口は分かりにくいかもしれない。橋の上下や堰堤付近、農道の先などから入川することになる。一方、駐車は川沿いの道を走って行くと一目でそれとわかるスペースがあり、困ることはないと思う。ただ前記したとおり、解禁直後は降雪量や除雪状況でこのスペースが少なくなると考えてほしい。また4月は急な雪が降ることもあり、夏用タイヤでの釣行に

針尾橋上流を望む。深みを探るとイワナがねらえる

は注意が必要だ。

水量は比較的安定している。ただし、渇水の時期の針尾橋付近などは、河川整備の影響もありポイントが限られる。頭上は開けている場所がほとんどではあるが、上針尾橋から上流部では、5月以降になると護岸のアシが伸びるので川通しの釣りとなる。その際は、足元や瀬尻、アシの根元などに良型が潜むので、ていねいな釣りが必要だ。8月以降は反応が悪くなる傾向もある。水温の変化や産卵期が近くなることが影響するようだ。また、所々に現われる堰堤は曲者。大きな堰堤には梯子が取り付けてあるが、護岸の上からでは確認できないことも多い。サオを仕舞いヤブ漕ぎするなどして堰堤上に出られる場所もある。

エサは川虫が一番よいので現地採集をお勧めする。ただし採取できる時期は遅い。初期はキンパク（予備にイクラがあるとよい）、4月中旬以降はヒラタが安定している。周辺の田んぼの影響もあり、ミミズは6月以降の良型に効果的だ。夏以降はミミズやブドウ虫も持参すると、川虫が採取できない時に重宝する。

開けているのでサオは6mクラスで充分釣りになるが、状況次第では、5mクラスのほうが手返しが早く振り込みやすい場合もある。ミチイトは0・4号以下で充分。ハリはアマゴバリ4号など小ぶりなものがよいと思う。

テンカラなどの場合、水の透明度が高いので朝夕以外は小さなサイズがよい。最盛期は瀬尻などでのライズも目にする。テンカラタックルは、3・6～3・9mザオにレベルライン3号5m、毛バリは14番バーブレスフックにカラーは黒／茶毛またはクリーム／黒毛をお勧めする。

いずれも1投目が重要。エサは自然に流すこと。そして、ピックアップも静かにていねいな釣りを心掛けたい。

以下、各ポイントを紹介していく。

●朝日橋から針尾橋

さらに下流でも釣りは出来るが、夏はアユ釣り場になる。朝日橋上流部はＪＡスタンドの横からが釣り場となる。広い河原が針尾橋上部まで続く。

上針尾橋の上流にある駐車場前の渓相

上針尾橋より下流の流れ。まだ開けた渓相を見せている

駐車場前から続く流れは変化に富みポイントも多くなる

上針尾橋上流を望む。ここから川通しの釣りとなる

鎖川全体の特徴は護岸と堰堤。釣り場としては趣に欠けるのが欠点。むしろアユ釣り場のような川相だが、そのぶん初心者の方も安全に、気軽に釣りが出来ると思う。また、入川口も限られる。逆にいえば、事前に先行者が入っていないことを確認出来ることになる。

ここは放流量も多めの区間だ。河川工事などの影響もあり、流れが分散してポイントにならない部分もあるが、小堰堤の下部、小さな淵や水深のある瀬など、石が豊富に入っているので思わぬところで良型が出る。

●針尾橋から上針尾橋

この区間も流れが広がる部分では、堰堤下の石積みの変化がある流れをていねいにねらう必要がある。護岸や自然の岩盤、堰堤下の石、アシの根元の深みはイワナが潜む恰好のポイントとなっている。

橋の脇に分かりやすい入川口がある。透明度が高いので、堰堤上部に出る場合、注意が必要。橋の脇に農道があるが、駐車は注意してほしい。農家の方の迷惑に

船ヶ沢出合の先で
渓を渡る県道より
流れを望む

大堰堤手前の流れ。木々に囲まれ流れが狭く釣りづらくなる

船ヶ沢合流点下流側１つめの無名の小さな橋から上流を望む

ならない配慮をお忘れなく。

●上針尾橋～上流部

橋上流部の梯子、駐車スペース付近にある東屋付近などから川に入る。ここから上流部の入川口が一部分かりにくい。

川通しの釣りとなるのでヒラキは細心の注意でアプローチを。流れはほとんどが一筋で護岸と岸にはアシが生い茂っている。堰堤が所々現われ橋も架かるが、堰堤はすべてに梯子があるわけではない。

ここから上流部の渓相はほぼ変わらずにキャンプ場下まで流れが続く。所々に駐車スペースがあり、車を停めて流れを確認できる場所もある。ずっと眺めていると良型のヤマメやイワナが水面を割ることも。透明で水量のある流れに美しい渓魚を見つけると、自然の豊かさを感じる。キャンプ場下付近は、木々に囲まれ流れが狭く釣りづらくなる。

最後に、食事は信州そばをおすすめしたい。「そば処 もえぎ野」はすぐ分かる場所にある。渓流とそばを楽しんでみるのもよい。

（小松）

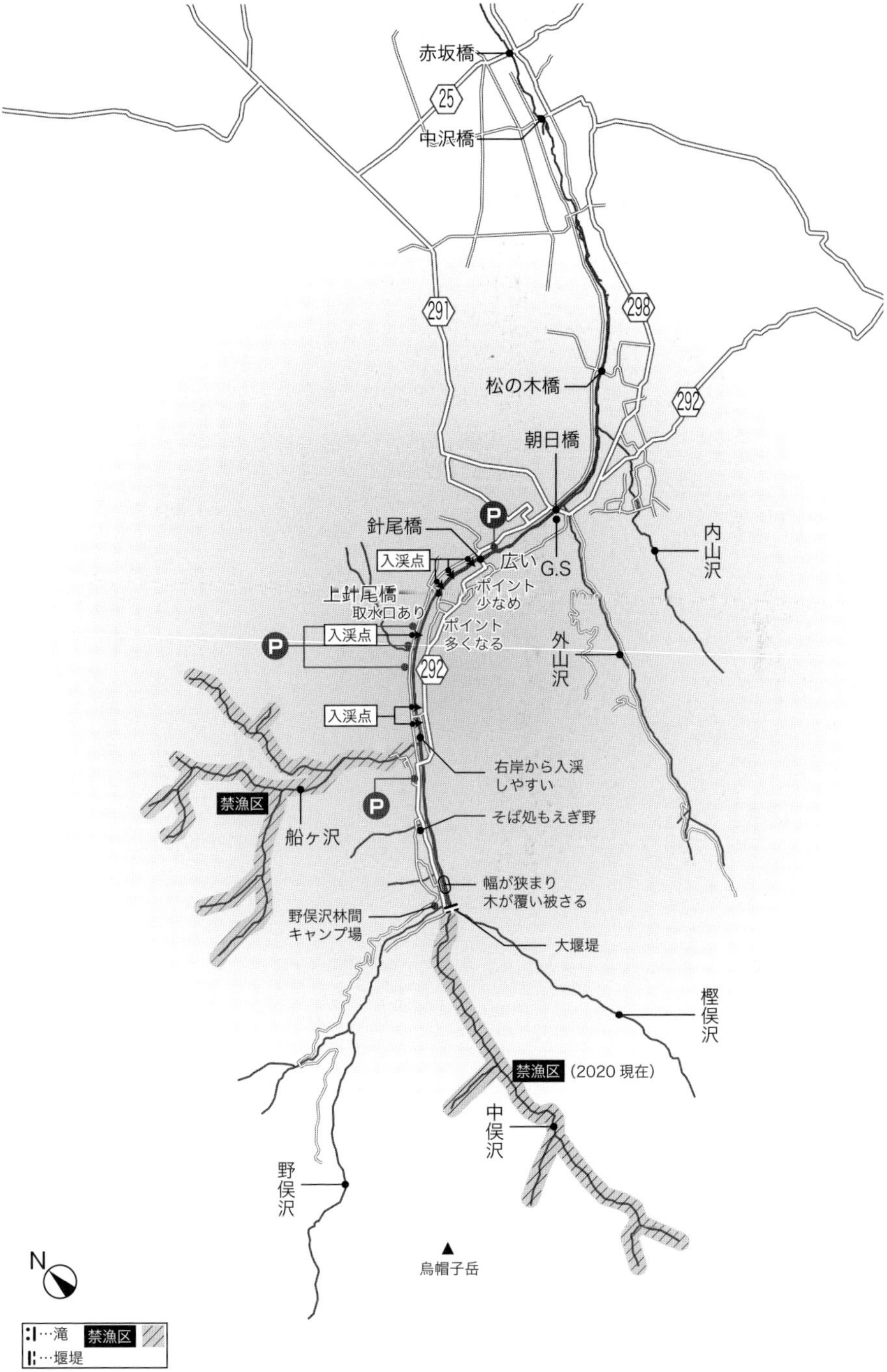
赤坂橋
25
中沢橋
291
298
松の木橋
292
朝日橋
P
針尾橋
入渓点
広い
G.S
内山沢
上針尾橋
ポイント少なめ
取水口あり
ポイント多くなる
入渓点
P
外山沢
292
入渓点
右岸から入渓しやすい
禁漁区
船ヶ沢
P
そば処もえぎ野
幅が狭まり木が覆い被さる
野俣沢林間キャンプ場
大堰堤
樫俣沢
禁漁区（2020 現在）
中俣沢
野俣沢
烏帽子岳
N
…滝
禁漁区
…堰堤

犀川水系

奈《な》良《ら》井《い》川（奈良井ダム下流）

伝統的な街並が続く風情あるスポット 山間を流れる清流は良型のイワナ・ヤマメを育む

鳥居トンネルを抜け、国道19号沿いに流れる奈良井川。その最初のポイントを望む

奈良井川は中央アルプス駒ヶ岳を源流に、奈良井ダムを通じて旧中山道沿いに流れている。国道19号を木曽から北へ進み、鳥居トンネルを抜けると、中山道奈良井宿をはじめとする多くの宿場町で賑わっている（現・塩尻市。旧・楢川村）。そこはまるでタイムスリップしたかと思わせるような街並が続き、風情ある中での渓流釣りが楽しめる、日本で最も長い信濃川水系の上流部である。

本項では奈良井ダム下流域の主なポイントを、上流側から解説していく。

●鳥居トンネル付近

塩尻市奈良井と木曽郡木祖村藪原の間に位置する鳥居トンネル。上流部には奈良井ダムがあり、川はそこから北に向かって下流へと流れている。解禁初期は一面雪景色に覆われ、雪解け水による影響

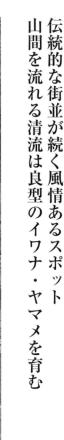

information

●河川名　犀川水系奈良井川
●釣り場位置　長野県塩尻市奈良井
●主な対象魚　イワナ、ヤマメ
●解禁期間　3月1日～9月30日
●遊漁料　日釣券1000円（現場売り2000円）・年券6300円
●管轄漁協　奈良井川漁業協同組合（Tel0263-53-1505）
●最寄の遊漁券発売所　アウトドアステーションVANVAN松本店（Tel0263-86-5331）、セブンイレブン木曽楢川平沢店（Tel0264-34-3503）、国道19号線沿いにある他のコンビニでも購入可能
●交通　長野自動車道・塩尻ICを降り、国道19号を利用して木曽方面へ。中央自動車道・伊那ICを降り、国道361号、権兵衛トンネル経由で塩尻方面へ

もあり水温が著しく下がる。しかし奈良井川漁協の解禁前放流による放流魚（成魚）が多く釣れることから、解禁初日から数釣りを楽しめる。ただし釣り人の数も多い。

一方で、居着きの魚もこの時期から活発に動き出す個体が多い。川全体は小規模だが、緩い流れや大岩の裏などをていねいに探ると天然の良型イワナが釣れることもある。とはいえやはりこの時期に特有のサビ付きで細身の魚が目立つ。また警戒心がとても高いため、どの釣り場においてもアプローチはていねいに行ないたい。

エサ釣りの場合、仕掛けは0・2～0・4号通しにハリ5号前後がよい。エサはイクラかキンパク（市販）などがお勧め。

●奈良井宿入口　権兵衛橋周辺

日本一長い宿場町で知られる奈良井宿は、国の重要伝統的建造物群保存地区に選定されている有名な観光名所の1つ。奈良井の信号を曲がり、

小堰堤が続く権兵衛橋上流の流れ。居着きイワナがねらえる

木曽の大橋を望む流れ。絶景の中でサオをだせるのが、この渓の醍醐味

権兵衛橋を過ぎると有料駐車場がある。権兵衛橋より上流は堰堤がいくつか連なり、大きな落ち込みや淵が点在する。川を渡って対岸に行くのが難しいため、サオは7m以上あると広範囲に探ることが出来る。ただし、夏頃になると木々が覆い被さりアプローチが大変な所が多く、ズーム機能を用いたチョウチン釣りが主になることが多い。

地元の釣り人もよく入渓しているが、ひとつひとつのポイントを底を取りながらねらうと、プレッシャーがかかっている状況でも数釣りが期待できる。エサは現場で採取が出来ればヒラタやクロカワ虫等の水生昆虫のほか、市販のブドウ虫等でもよく釣れるが、夏期以降は蜂の子なども効果的である。

●木曽の大橋周辺

鳥居トンネルを抜けて約5分（3・4㎞）、北に進むと左手に奈良井木曽の大橋が現われる。樹齢300年以上から成る総檜造りの太鼓橋は、橋脚がない木製の橋では日本有数の大きさを誇ることで知られている。その真ん中を奈良井川の本流が流れている。

すぐ近くには駐車場やトイレ・観光案内所があり、アクセスしやすいポイントの1つだが、上流側は川幅が若干狭く、夏場はアシなどで足場が大変悪くなるた

支流・橋戸沢。小規模な流れだが、魚影の多さは抜群だ

支流・橋戸沢。チャラ瀬、平瀬、落ち込みと変化に富んだ流れが楽しめる

め、初心者は橋下から下流をねらうと入渓もしやすく釣りやすい。さらに下流側の渓相は、平瀬が続き、小さな堰堤や緩やかな流れもいくつかあり、多くのよい淵を作り出している。魚が留まるには恰好のポイントといえるが、所々で蛇籠も設置されているため、細イト仕掛けや、重いオモリで底を取るような釣りはあまりお勧めしない。ルアー釣りでもよくルアーをロストするポイントだ。

川幅が急に開けたりするポイントもあるため、エサ釣りの場合、サオは6～7mはほしい。根ズレを考慮すると、ラインは最低でも0・4号以上あると安心して釣りができる。梅雨時期以降はエサの川虫（クロカワ虫・オニチョロ・ヒラタ）が現場で多く採取出来るため、エサの心配をすることなく一日中風情ある中での釣りを満喫出来る。

●支流　橋戸沢

奈良井川上流域は多くの支流、沢から成り立っている。それらは非常に小規模だが、魚影がとても多いポイントである。

橋戸沢の最下流に架かる橋下は成魚放流もなされている

美しい魚体を見せる奈良井川のイワナ（権兵衛橋上流にて）

橋戸沢もその1つだ。

木曽の大橋より約5分北へ進み、塩尻市立木曽楢川小学校手前の橋を渡り、線路沿いに車を走らせると小さな踏切が現われる。そこを抜けると橋戸沢の最初のポイントが見えてくる。全体的に水温が本流よりも若干低いため、低水温を好むイワナが釣れる。川の長さは全体で約10km以上もあり、木々が多く生い茂り、大自然の中で一日中釣行することが出来る。川幅はさほど大きくもなく、水深も深い所で1mあるかないかだが、下流側は緩い流れが続き上流側はチャラ瀬・平瀬・堰堤で作られた落ち込みがあったりとさまざまな渓相を持つ。

路肩には多少の駐車スペースもあり、最上流部まで車で行くことが出来るが、道幅が1台分ほどしかないため運転には注意したい（落石にも）。また山間に位置しているのでクマ避けの鈴は必須。大型イワナの釣果情報がよく出ているスポットとしても知られており、数、サイズともにねらえ、奈良井川で源流釣行を楽しみたい釣り人には特にお勧めしたい。

また、橋戸沢の最下流部は小さな陸橋があり、そこから本流へと通じている。川を挟んで向い側には木曽楢川小学校があり、ここのポイントはよく漁協が成魚放流を行なう場所でもあるため、橋戸沢の先行者が多い時にはここをねらってみるのもよい。

（木山澤）

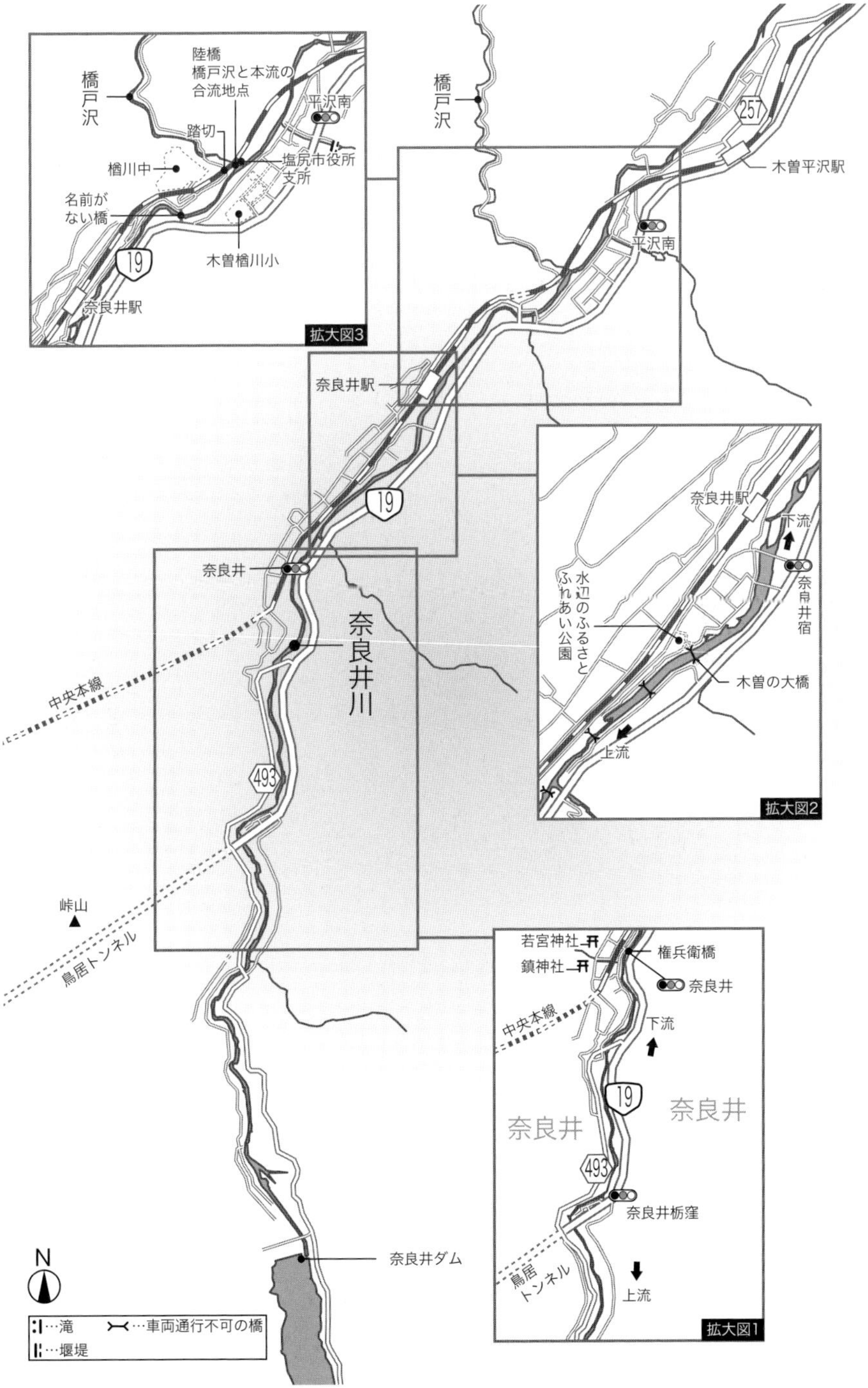
橋戸沢
陸橋
橋戸沢と本流の合流地点
平沢南
踏切
楢川中
塩尻市役所支所
名前がない橋
木曽楢川小
19
奈良井駅
拡大図3
257
木曽平沢駅
平沢南
奈良井駅
19
奈良井
奈良井川
中央本線
493
峠山
鳥居トンネル
奈良井ダム
奈良井駅
下流
奈良井宿
水辺のふるさとふれあい公園
木曽の大橋
上流
拡大図2
若宮神社
鎮神社
権兵衛橋
奈良井
中央本線
下流
19
奈良井
奈良井
493
奈良井栃窪
鳥居トンネル
上流
拡大図1
N
…滝
…車両通行不可の橋
…堰堤

犀川水系

奈《な》良《ら》井《い》川（奈良井ダム上流）

変化に富んだダム上のヤマメ&イワナリバー　林道、旧道を利用して入川。下流部は遡上魚ねらいも

奈良井ダムへと注ぐ流れ込み上流。遡上魚がねらえるポイントだ

●河川概要

茶臼山を源流とする奈良井川。大規模なロックフィルダム（奈良井ダム）を越えた上流域は、本格的な渓流が展開する。低水温、透明度抜群の流れにきれいで引き締まったヤマメやイワナが潜み、その水は松本平地域の水源として利用されている。また松本平といえば、釣行の際には、時間が許せば江戸時代にタイムスリップ出来る奈良井宿にも立ち寄られることをお勧めする。その長い宿場街から奈良井ダム上流部の釣り場までは、ほんのわずか先だ。

　奈良井川水系の解禁日は、例年3月1日。権兵衛街道から林道を進む旧栃洞キャンプ場から上流部は、毎年7月1日から禁漁となるので注意。また栃洞沢は禁漁区となっている。シーズンを通して釣りが出来るのは、旧キャンプ場までの区

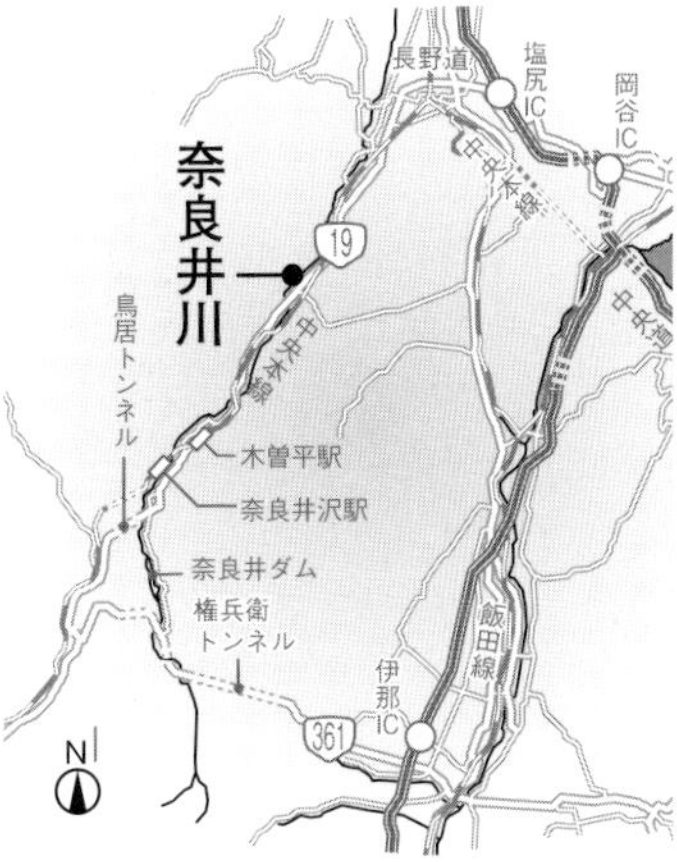

information

●河川名　犀川水系奈良井川
●釣り場位置　長野県塩尻市奈良井
●主な対象魚　イワナ、ヤマメ
●解禁期間　3月1日～9月30日
●遊漁料　日釣券1000円（現場売り2000円）・年券6300円
●管轄漁協　奈良井川漁業協同組合（Tel0263-53-1505）
●最寄の遊漁券発売所　吉江釣具店（Tel0263-52-0569）、ファミリーマート伊那ごんべい店（Tel0265-71-4010）、セブンイレブン木曽町神谷入口店（Tel0264-26-2007）、セブンイレブン塩尻牧野店（Tel0263-53-6244）、セブンイレブン木曽楢川平沢店（Tel0264-34-3503）、国道19号線沿いにある他のコンビニでも購入可能
●交通　中央自動車道・伊那ICを降り、国道361号、権兵衛トンネル経由で塩尻方面へ

間のみ。この上流部は深い山に囲まれて自然が美しい。所々にトンネル工事に伴う河川工事で出来た堰堤がある以外は、自然の流れが維持されている。水質、水量とも安定しており川の石も大きめで、山間渓流の流れを手軽に味わえる。流れに大きな落差はほとんどないが、大雨の後などは流木等が堆積する箇所もある。

エサ釣りでは川虫の現地調達が一番。サオは5～6mのマルチタイプが使いやすいと思う。ハリは小さいほうがよいと感じる。毛バリの場合、黒系統に反応がよいように思う。初夏からは特に頭上のブッシュに注意が必要だ。

ダムへの流れ込みから旧キャンプ場入口の分岐までは5km程度の行程。トンネル出口付近や林道沿いなどを含め、所々に駐車スペースがあり、その時の状況に応じて入川出来ると思う。

最下流のバックウオーター上流から旧街道に沿った区間を釣り上がると、1・5km程度の行程となり、羽淵トンネル出口で

羽渕トンネル脇・旧道を沿う流れの上流部。やや落差があるので入川には注意

権兵衛トンネル入口付近の流れ。権兵衛トンネルの駐車場付近まで護岸区間が続く

番所トンネル～権兵衛トンネル間の流れを望む。比較的平坦な流れが続く

国道361号直下に出る。奈良井ダム上流部は投網禁止区間なので、シーズン後半も安心して釣りが出来る。

羽渕トンネル出口から川は国道沿いを流れ、権兵衛トンネル付近までは駐車、アクセスとも比較的容易。手軽に渓流を味わうにはおすすめの渓流だ。

羽渕トンネル出口から番所トンネル出口までの区間は、川は道路と並行しながらも低く離れ、工事で出来た堰堤がある。また国道を折れて旧道に入ると、上下のトンネル部分の箇所を流れに沿って進むことが出来る。この間は1・5㎞程の行程。

権兵衛トンネル付近から旧キャンプ場までは2㎞程度の行程。ここも旧街道でのアクセスが可能となっている。

●奈良井ダム流れ込み上流から羽渕橋

姥神トンネルを出た先の広い駐車スペースが目印。ここから川沿いを奈良井ダム方面に歩いて行くと、やがて左斜めに、ガードレールで止めてある旧ダム湖までのアクセス林道が見えてくる。この林道

権兵衛トンネル入口を過ぎた辺り。まだ護岸があるが、この先は自然の流れが続くエリアとなる

自然な流れは旧栃洞キャンプ場付近まで続く

沿いに、流れを観察しながら気に入ったポイントへ入川できる。

羽淵橋上部まで、変化に富んだ渓相と景色が楽しめる。この区間はダムからの遡上魚をねらう楽しみもある。川通しの箇所もあり、水の透明度が高いことから影や足音などには注意。また浮石にも充分注意して釣りを楽しんでほしい。

●羽淵橋から番所トンネル付近

前記した羽淵橋上の駐車スペースのほかに、上流側の旧道沿を進むと橋があり、そこにも駐車スペースがある。入川や行程を考えると、より下流側から入るほうが距離も稼ぐことが出来る。やや落差があるので入川には注意したい。

ここでは全体的に頭上の樹木に注意しながらの釣りになる。釣り上がると、川は蛇行して羽淵トンネルの伊那方面口の脇に出てくる。ここからは国道361号・権兵衛峠道路とは並行して流れるが、落差が大きい。番所トンネル下方付近には堰堤がある。

樹木やブッシュも多く、アクセスには

旧栃洞キャンプ場
付近の流れを望む

禁漁の栃洞沢を望む。禁漁の案内板あり

旧栃洞キャンプ場付近の流れに架かる古い橋は入渓の目印。ここから先は6月末までで禁漁

苦労する区間となる。大きな淵などはないが、さまざまなポイントがあり、ていねいに探りたい。

●番所トンネルから権兵衛トンネル

番所トンネル付近の駐車スペースから、旧街道に入ることが出来る。しばらく進むと川沿いにアクセスできる場所がある。この付近から釣り上がると、権兵衛トンネルの駐車場付近までは道路沿いになり、護岸がある区間が続く。トンネル入口を過ぎると道路沿いではあるが、自然の流れとなり、旧栃洞キャンプ場まで続く。先行者がいるか確認して入るポイントを検討すればよい。

権兵衛トンネル脇を旧街道に沿ってしばらく進むと、権兵衛峠・伊那方面と林道の分かれ道があり、ここを林道に沿って進むと旧栃洞キャンプ場となる。この付近に流れ込む沢は禁漁区。また、ここから先は前記したとおり6月末までで禁漁となるので注意したい。（小松）

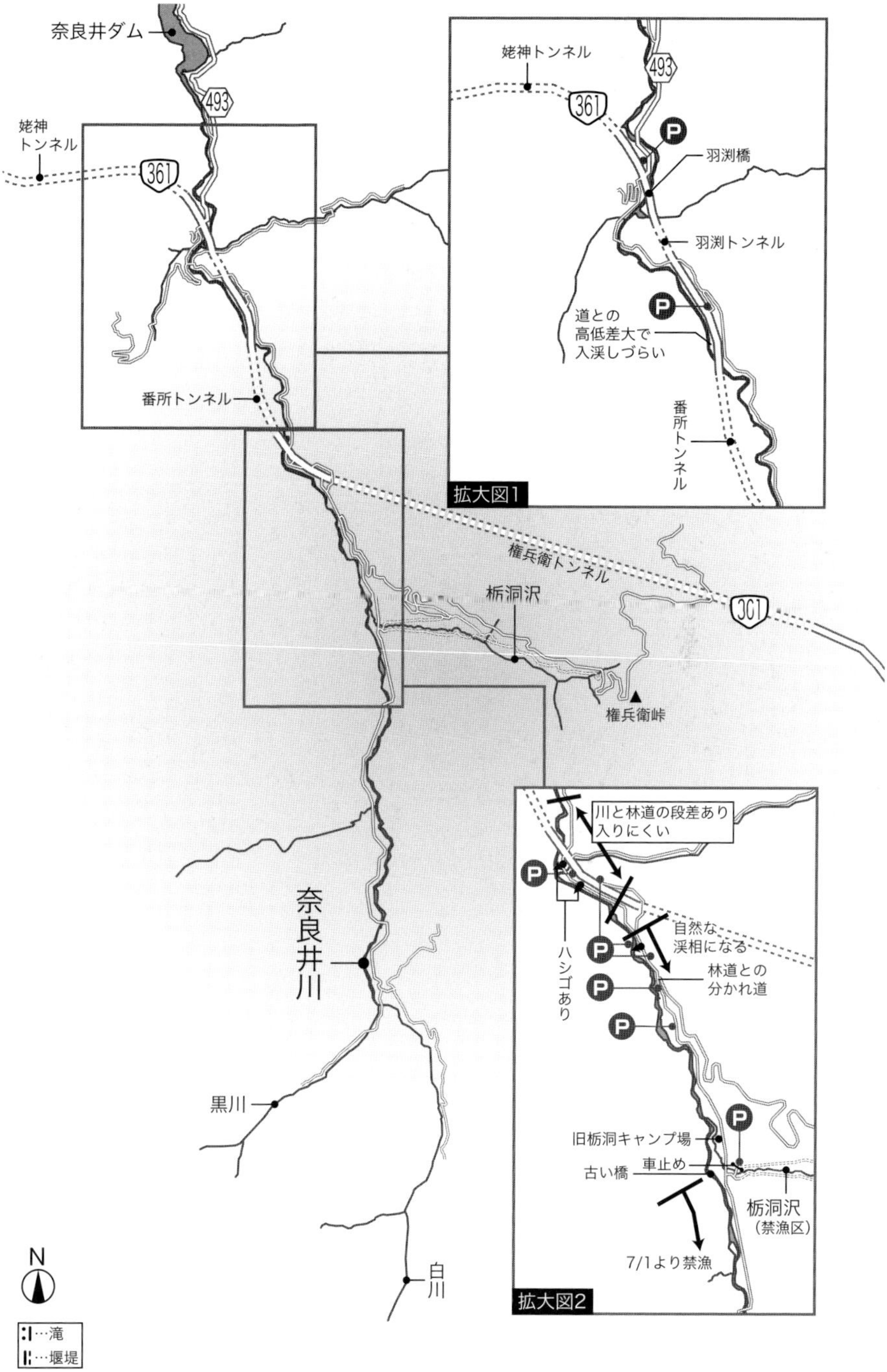
奈良井ダム
493
姥神トンネル
361
番所トンネル
権兵衛トンネル
栃洞沢
権兵衛峠
奈良井川
黒川
白川
N
…滝
…堰堤
拡大図1
姥神トンネル
493
361
羽渕橋
羽渕トンネル
道との
高低差大で
入渓しづらい
番所トンネル
拡大図2
川と林道の段差あり
入りにくい
ハシゴあり
自然な
渓相になる
林道との
分かれ道
旧栃洞キャンプ場
車止め
古い橋
栃洞沢
(禁漁区)
7/1より禁漁

犀川水系

梓川《あずさ》（稲核ダム下流）

モンスター化した規格外の大型トラウトに期待
高速ICから近いアクセスのよさも魅力

サルビア介護福祉施設近くに数台駐車できるスペースと入渓点がある

information

●河川名　犀川水系梓川
●釣り場位置　長野県松本市
●主な対象魚　イワナ、ヤマメ、ニジマス、ブラウントラウト
●解禁期間　2月16日～9月30日
●遊漁料　日釣券1050円・年券4200円
●管轄漁協　波田漁業協同組合（Tel0263-92-2246）
●最寄の遊漁券発売所　上州屋松本インター店（Tel0263-48-1247）、セブンイレブン信州波田店（Tel0263-92-6175）、セブンイレブン波田赤松店（Tel0263-92-7200）、セブンイレブン安曇野梓店（Tel0263-78-4088）、梓水苑（Tel0263-78-5550）
●交通　長野自動車道・松本IC降車。国道158号で上流部へ

梓橋上流の渓相。ここから波田漁協管轄となる

中央橋を望む流れ。平坦な流れで釣りやすい

長野県松本市上高地上流から流れ出て奈良井川と合流し、犀川となる梓川。本項では波田漁協管轄内の釣り場を解説する。

対象魚は漁協が放流するイワナ、ヤマメ、ニジマスのほか、ブラウントラウトも釣れる。また、まれに上高地から落ちてきたブルックトラウトやタイガートラウトがハリ掛かりすることもあり、本州きっての多彩なトラウトリバーといってよい。

特に、近年ニジマスとブラウンは大型

桜並木沿いの流れ。好ポイントが連続する

倭橋付近の流れ。梓水苑に数台駐車できる

深みには大型のトラウトが潜んでいるはずだ

化し50㎝台は当たり前、60㎝台も珍しくなく、70㎝台ですら夢ではない川になっている。その代わり、イワナの魚影が少なくなってきているのが心配だ。またカジカも多く、水質と川床の健全さを物語る。釣った55㎝のブラウンの口から半消化のカジカが何尾も出てきたこともあり、大型トラウトのエサにもなっている。

釣り場の渓相は、川幅が広めで、チャラ瀬からゆったり流れるプール状の流れへと連続し変化に富む。私自身はフライフィッシャーだが、ほかにもさまざまなスタイルで釣りを楽しめるはずだ。

●シーズン

解禁当初の2月半ばはまだ極寒で身体に厳しい。エサ釣りでは結果を残す人がいるが、本格的に魚が動き出すのは3月半ばを過ぎてから。上流に大きなダムが3つあり、雪代を貯めてくれるのでGWまでその心配はまずない。しかし例年GW明けに大量放水し、1週間から半月ほど釣りにならないので要注意。ライブカメラでチェックを忘れずに。実は、その

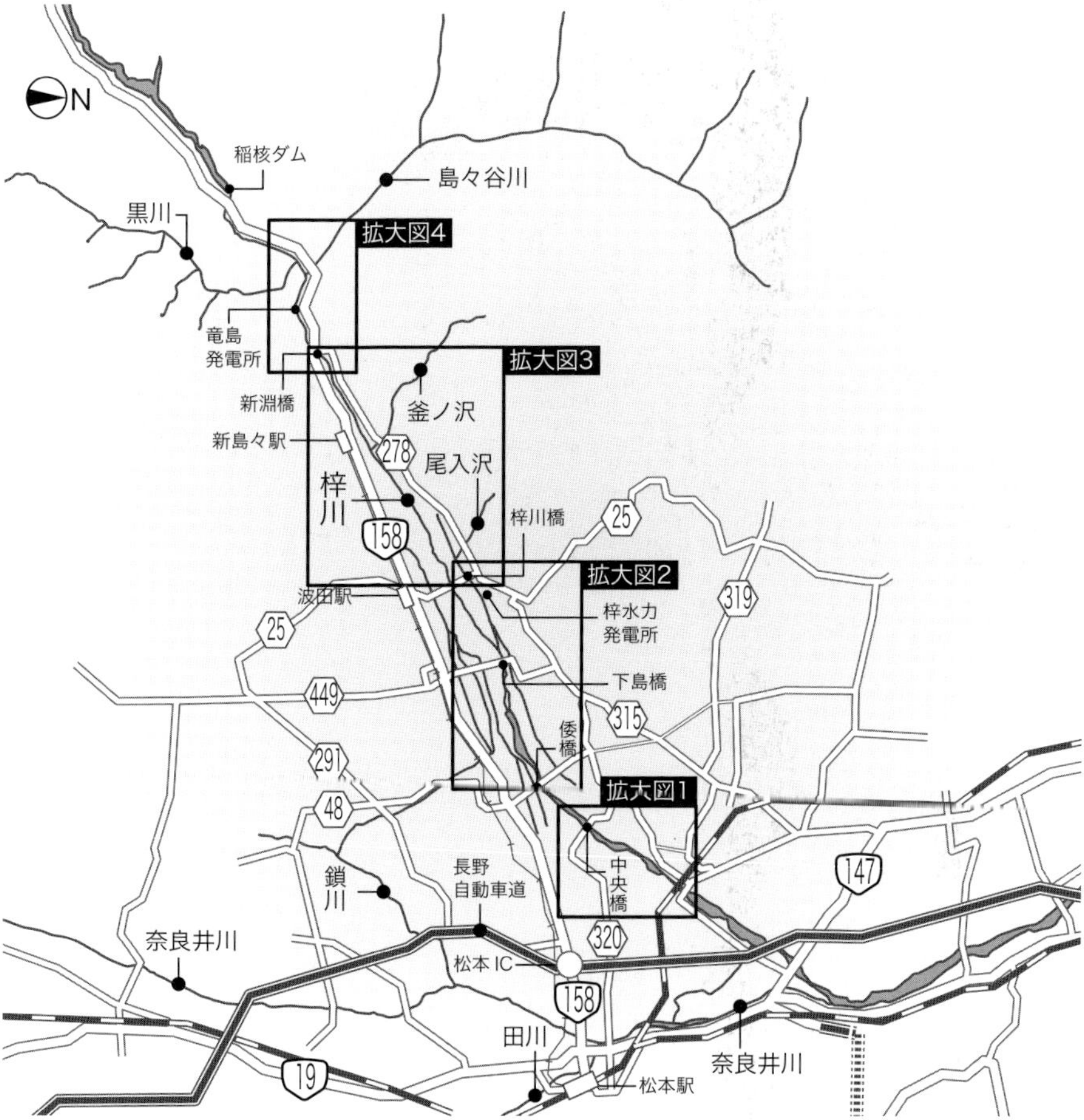

梓川橋付近。下流域有数の人気ポイント。釣り人も多いが魚影も多い

下島橋より梓川橋までの右岸は階段が設置してあり入渓しやすい

梓川取水口上流。深く緩やかな流れはルアーマンに人気

上流より赤松沈下橋を望む。入渓も容易で人気が高い

2017年6月に釣った69㎝のブラウントラウト

竜島発電所付近の渓相。クマが頻繁に目撃されているので注意

放水にはダムという生簀《いけす》からたくさんのトラウトが落ちてくる利点がある。

放水が終わり、流れが落ち着くと川は本番を迎える。ヒゲナガカワトビケラが飛び始めると大型トラウトのスイッチが入り、彼らと簡単に出会う可能性も高く、1年で一番楽しい時期だ。

真夏になると朝、夕メインだが、フライなら日中に木陰で陸生昆虫を待っている魚をねらうのを楽しめる。

9月に入ると日増しに秋めき、日によって魚の活性が全く変わる。よい日とそうでない日の差が激しい。やがて秋の日もつるべ落としで短くなり禁漁を迎える。

●主なポイント

【梓橋上流】 波田漁協管轄はこの橋から上流。ここより下流側は犀川漁協管轄になり、波田漁協の遊漁券では釣りが出来ないので注意。島内マレットゴルフ場の駐車場に駐車し、河原をしばらく歩くと梓橋上流のポイントに着く。また対岸（左岸）のサルビア介護福祉施設近くにも数台駐車できるスペースと入渓点がある。

【中央橋】左岸桜並木沿いの道路は未舗装だが駐車が容易で、好ポイントが連続する流れが沿う。入渓も楽だ。

【倭橋】梓水苑に数台停められ横に流れ。梓水苑にはキャンプ場が併設され、ここをベースに釣行するのも楽しい。

【下島橋】波田下島運動広場には広大な駐車場があり、下島橋前後はどこでもよいポイント。

【梓川橋】右岸橋下流は梓川下流域有数の人気ポイント。それだけに釣り人が多いし魚影も多い。

【梓川取水口】駐車場所の横がポイント。ルアーマンに人気あり。

【赤松沈下橋】堤防道路に駐車出来る場所が何箇所かあるが、スペースが少ないので気をつけたい。赤松沈下橋上流の道路横がよいポイントで入渓も容易。

【竜島発電所】竜島発電所脇に広い駐車スペース。ここから横の河原の林を抜けるとポイントに出る。近年この周辺でクマが頻繁に目撃されているので、早朝は控えたほうがよいと思われる。

以上、梓川波田漁協管内の約15㎞区間を、橋を基準に下流からポイントを簡単に解説してみた。ほかにもポイントは無数にあるといってよい。梓川の最大の魅力はトラウトの魚影が多いうえに、尺レベルではない大型が期待でき、しかも各種の釣り方で簡単に彼らをねらえることだと思う。

（北谷）

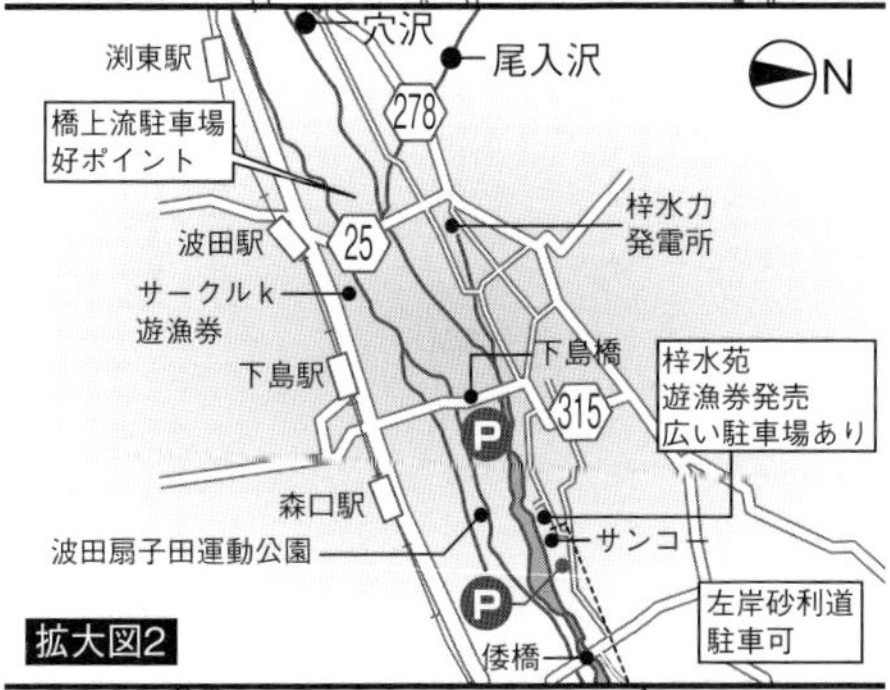

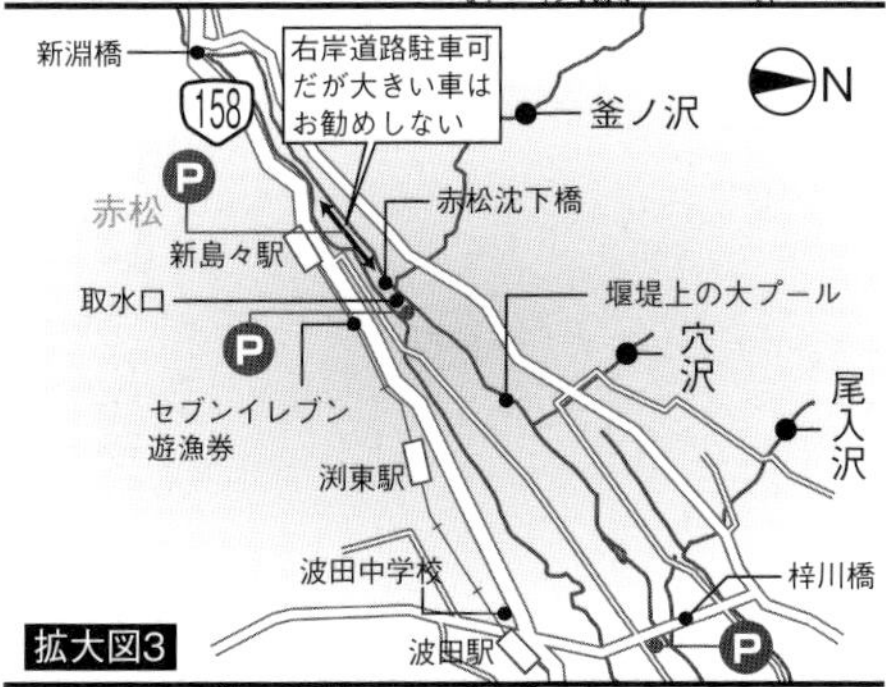

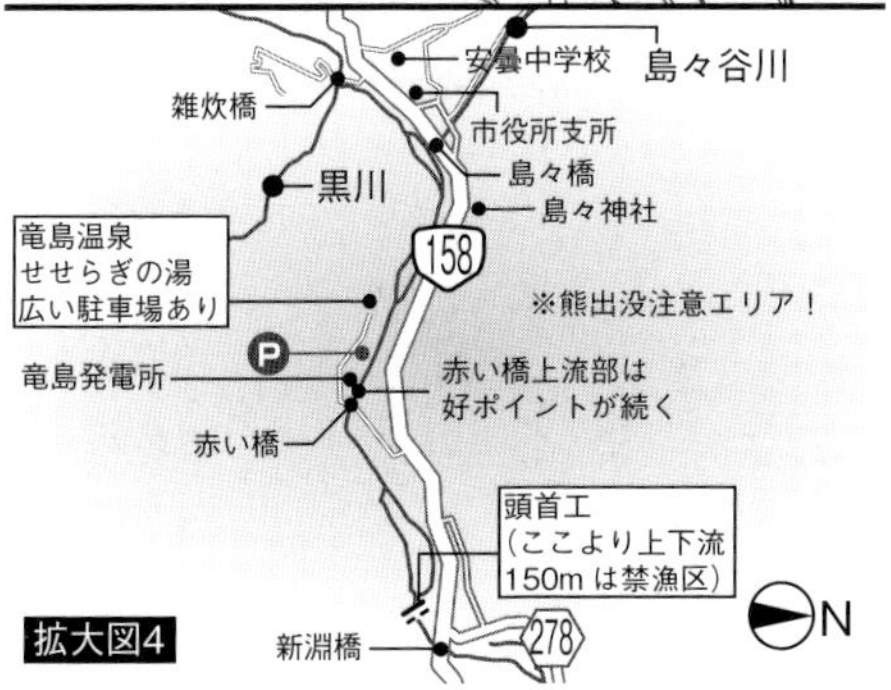

犀川水系

梓川《あずさ》（上流・沢渡～坂巻温泉）

飛騨山脈を仰ぎ見る山岳渓流
イワナ主体にブラウンの大ものも潜む

梓川は北アルプス槍ヶ岳穂高連峰を源流とし、上高地を経て松本平、安曇平へと流れ出ている川。国道158号を上高地方面に行くと、奈川渡ダムを渡り沢渡集落に続く。そのまま前進すると山吹隧道をくぐる。今回の釣り場は、この隧道を抜けたところから坂巻温泉の間だ。

梓川は何回も方向を変えるので、国道158号はトンネルと橋が何回も川を横切る。そのため釣り終えて元の場所に戻るには、崩れた旧道を使うか国道を歩くことになる。旧道は、ところどころ落ちているところがあるから初心者は避けたほうがよい。

春先から梅雨までは川の水量が多いので徒渉は極めて難しい。踏み跡のある降りられる場所を利用し、上がったり下りたりを繰り返すしかない。

徒渉が難しい場合は倉洞沢が合流する

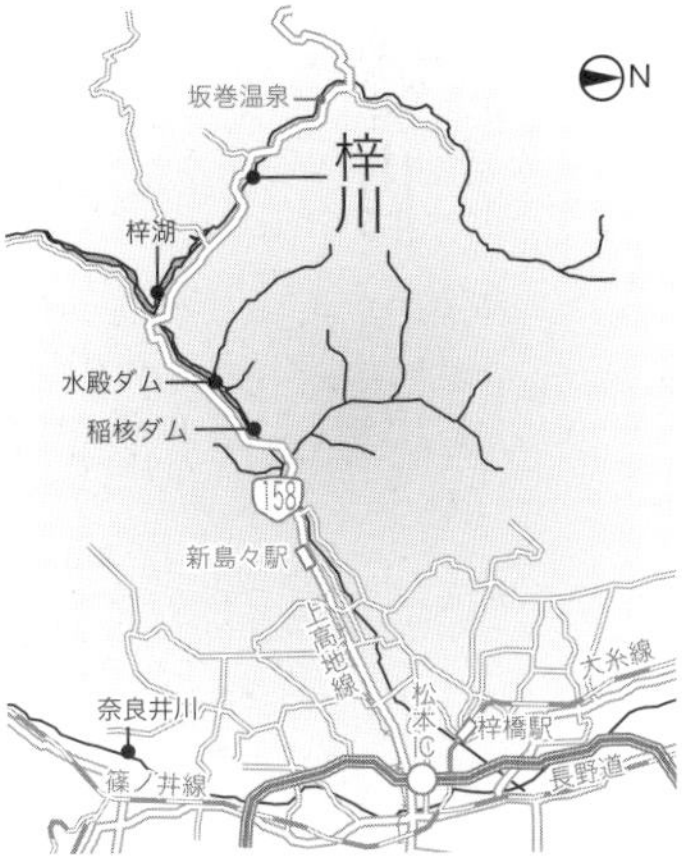

information

●河川名　犀川水系梓川
●釣り場位置　長野県松本市
●主な対象魚　イワナ、ヤマメ、ニジマス、ブラウントラウト
●解禁期間　2月16日～9月30日
●遊漁料　日釣券1050円・年券4200円
●管轄漁協　安曇漁業協同組合（Tel090-3403-0680・大野方）
●最寄の遊漁券発売所　上州屋松本インター店（Tel0263-48-1247）
●交通　長野自動車道・松本IC降車。国道158号で上流部へ

倉洞沢出合近く、梓川に架かる吊り橋より少し上流の淵

ところにある吊り橋を使うとよい。足場が細いので多少緊張するが、1人ずつ渡れば問題ない。もう1つは障子ヶ瀬合流地点で、砂防工事のための仮設橋がかかっている。工事が始まる前なら人がいないため渡ることができる。

●川通しに釣り上がれるのは7月下旬から

川の中に雪崩で溜まった雪が残る頃から魚の動きはあるが、山菜の出る頃から活発に動く傾向があり、この時期から毛バリで遊べるようになる。もちろんエサ釣りの場合は春先から食ってくれる。梅雨が終わる7月下旬から8月に入れば水量が減ってくるので、川通しに釣り上がることは可能になる。毛バリが充分使えるような時期になれば、良型が川幅全体に散らばるので、1級ポイントではないところもねらってみることを勧める。そういった場所をねらえるのもここの特徴だ。どちらかといえばイワナの数のほうが多いが、ブラウントラウトも少なくはない。もちろん大きな淵には大ものがいるが、競争率が高いので時間帯が決め手

障子ヶ瀬との合流から少し上流の渓相を望む

倉洞沢出合に架かる吊り橋

梓川のイワナ。尺クラスの良型

の大きな条件となる。当然明け方か夕方がよい。

2020年夏、その淵の1つで大ものをバラした。サオが折れてしまい残念ながら顔を見ることができなかった。私の場合、現場に捨ててあったサオを適当につないでテンカラザオにしたりするため、強度が一様ではないところが弱点だ。引き具合からたぶん40㎝級のブラウンの可能性が高い。いずれにしても型のよいものが結構出ている。

また、いつも思うのだが、折れたサオを捨てていかないでほしい。サオの材質はカーボンやグラス、これらは腐らず折れた箇所が鋭い刃物のようになっている。人はもちろんだが、動物や鳥にとってもこんなものが茂みに突き出ていればたまったものではない。ちゃんと持ち帰って始末してもらいたいものだ。

特に面白いと思うのは8月頃のテンカ

ラ釣りだ。そこにブラウンがいることを確認出来たら毛バリを放り込むのではなく、水面を時々叩き、後は水面から20～30㎝離れた空間に毛バリをゆっくり通過させると魚が飛びついてくる。特にブラウンがこの遊びには向いている。普通の釣りに飽きたらぜひやってみてほしい。サオを振り回すので開けていることが条件だが、掛かった時のショックは忘れられないはず。

（田口）

犀川水系
梓川支流

島々谷《しましまだに》川・小嵩《こたけ》沢・黒《くろ》川

入川に悩むぜいたくな山岳渓流エリア
マナーを守り、安全第一に大ものねらい

小嵩沢の渓相は階段を上っていくような落差がある

島々谷川下流域、移動ゲート付近上流の渓相を望む

●登山の歴史に残る島々谷川中流域は渓相が美しい

旧安曇村役場のある島々集落から、徳《とく》本《ごう》峠を越え、上高地へ入る登山ルートは歴史に残るところだ。１２０年近く前になるが、近代登山の父といわれたイギリ

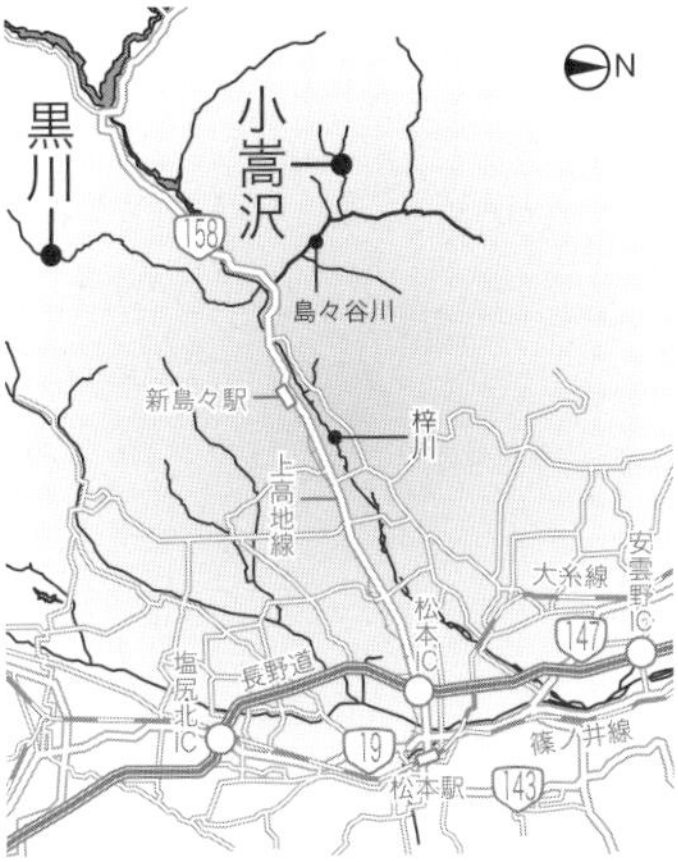

information

●河川名　犀川水系梓川支流島々谷川・小嵩沢・黒川
●釣り場位置　長野県松本市
●主な対象魚　イワナ
●解禁期間　2月16日～9月30日
●遊漁料　日釣券1050円（現場売り2050円）・年券4200円
●管轄漁協　安曇漁業協同組合（Tel090-3403-0680・大野方）
●最寄の遊漁券発売所　セブンイレブン波田赤松店（Tel0263-92-7200）
●交通　中央自動車道・松本ICを出て右折、国道158号で上高地・高山方面へ。松本電鉄上高地線の終点「新島々駅」の手前、セブイレブン波田赤松店を起点として、黒川林道入口まで1.5㎞。島々谷川入口の島々集落までは3.5㎞とアクセスがよい

ス人宣教師ウオルター・ウエストンが、島々宿から徳本峠を越え、槍ヶ岳や穂高連峰に登山したのが日本アルピニズムの始まりといわれている。

島々から林道にぴったり沿って流れる島々谷川は、6㎞ほど遡った二俣で徳本峠へ通ずる南沢と北沢に分岐する。南沢の二俣から岩魚留小屋までの約5㎞が好釣り場と評判だが、この辺りまでは島々から歩いて2時間余りの距離で、難度が高い渓相続きのため、体力に自信のあるベテラン向きだろう。

島々の林道口にゲートがあるが、集落への獣の侵入を防ぐためのもので、誰でも開けることができるが、閉め忘れないようにしたい。ゲートから300mほど入った河原の広い空き地が一般車の駐車場。林道入口に置き型の移動式ゲートがあり、3㎞ほど先の小嵩沢出合手前にある固定ゲートまでは車で行くことも出来るが、平成30年と令和2年7月の豪雨災害と群発地震の影響で、数箇所に土砂崩落や林道の欠損があり、現在は車

島々谷川では増水時など、ドバミミズで尺もののイワナも期待できる

島々谷川下流域の渓相。一般車の駐車場付近から釣り場となる

島々谷発電所から上流の流れを望む

島々谷川下流域の渓相。駐車場付近は林道からサオがだせるくらい流れが近い

で入ることは出来ない。林道の歩行にしても充分な注意が必要で、釣行は安全第一を考え自己責任で無理はしないでほしい。早い復旧を期待したい。

一般車の駐車場付近から釣り場となるが、林道からサオをだせるほど流れが近接している好釣り場で大勢人が入るため、早い時期に場荒れしてしまうようだ。この付近は解禁当初にねらいたい。駐車場から1kmほどで島々第二発電所がある。発電所付近は峡谷で川通しが出来ないため、一旦林道に上がって高巻することになるが、しばらくは林道がコンクリート護岸の上を走るため、簡単に渓に降りることができない。再入渓してからの2kmは大淵が連続する見事な渓相が続き、大ものが潜んでいることが多い。雨上がりのササニゴリ時には、ドバミミズで尺上のヒットに期待が持てるところだ。

●期待に違わぬ大ものとの出会いに感動する小嵩沢

固定ゲート上部の砂防ダムから1kmほどで島々谷川に架かる東京電力の点検道

小嵩沢でのイワナ。このとおり大もの揃いだ

小嵩沢には、この高い吊り橋を渡らなければならない

小嵩沢では淵ごとに大ものが居ついていた

小嵩沢の渓相。急峻で水量が多いので遡行には注意されたい

路吊り橋がある。右岸に渡って少し下ったところが小嵩沢。途中の取水堰までは整備された歩道があるので、島々谷川との合流点から300mほど入ったところからの入渓がよい。取水堰までは水量が少ないが、その先は奥にある小嵩沢山（2387m）の源流域まで3kmほどの流程だが、急峻で水量が多いので遡行には充分注意が必要。

小渓だが好ポイントが随所にあり、大ものが淵から瀬に出ていることが多い。いきなり淵ねらいではなく、ていねいに遠くから淵尻をねらいたい。場所、天候、時間、水温……自然はいつとて同じ時はないだけに、警戒心が強い渓流魚の居場所を見極めるのは釣果に結びつくポイントだ。

島々谷川の穴場といえる釣り場だが、目も眩むほどの高い吊り橋を渡り、一旦下ってからの入渓という条件が敬遠されるのだろうか。なお持ち帰りは最小限にして、天然魚保護増殖の一助として自然に返す釣り人の優しさに期待したいところだ。

黒川林道のゲート

小嵩沢のイワナ、型揃いの釣果

黒川は平瀬と大石がゴロゴロしている淵が連続する流れが特徴

黒川中流域の渓相。曲沢の出合の先から林道に沿う

●黒川～まれなゲートのカギ貸し出し策に感謝

島々谷川の梓川出合から500mほど上流で右岸から合流する黒川だが、入渓場所がよく分からないという人が多い。無理もない、合流点付近からの入渓は困難で、国道158号を2kmほど下った新渕橋の松本側際から入る林道黒川線からの入渓となるためだ。また国道から1kmほどでゲートがあり、一般的には車では入れないというものだが、ユニークなことにこのゲートのカギは登山・釣り・山菜採取等の目的で利用する人には貸し出してくれる。以前は、波田町役場の守衛さんにカギを借りていたが、松本市と合併した最近は日釣券を売っているセブンイレブン波田赤松店に常備されており、申請すれば貸出日を含めて最長5日間貸してくれる。ただ、黒川も2020年7月の豪雨災害で林道が崩落して車では無理なことから、現在はカギの貸し出しはしていない。いつから通行できるか等、林道黒川線の復旧状況は松本市農林部耕地林務課（TEL 0263・34・3224）に問い合わせ

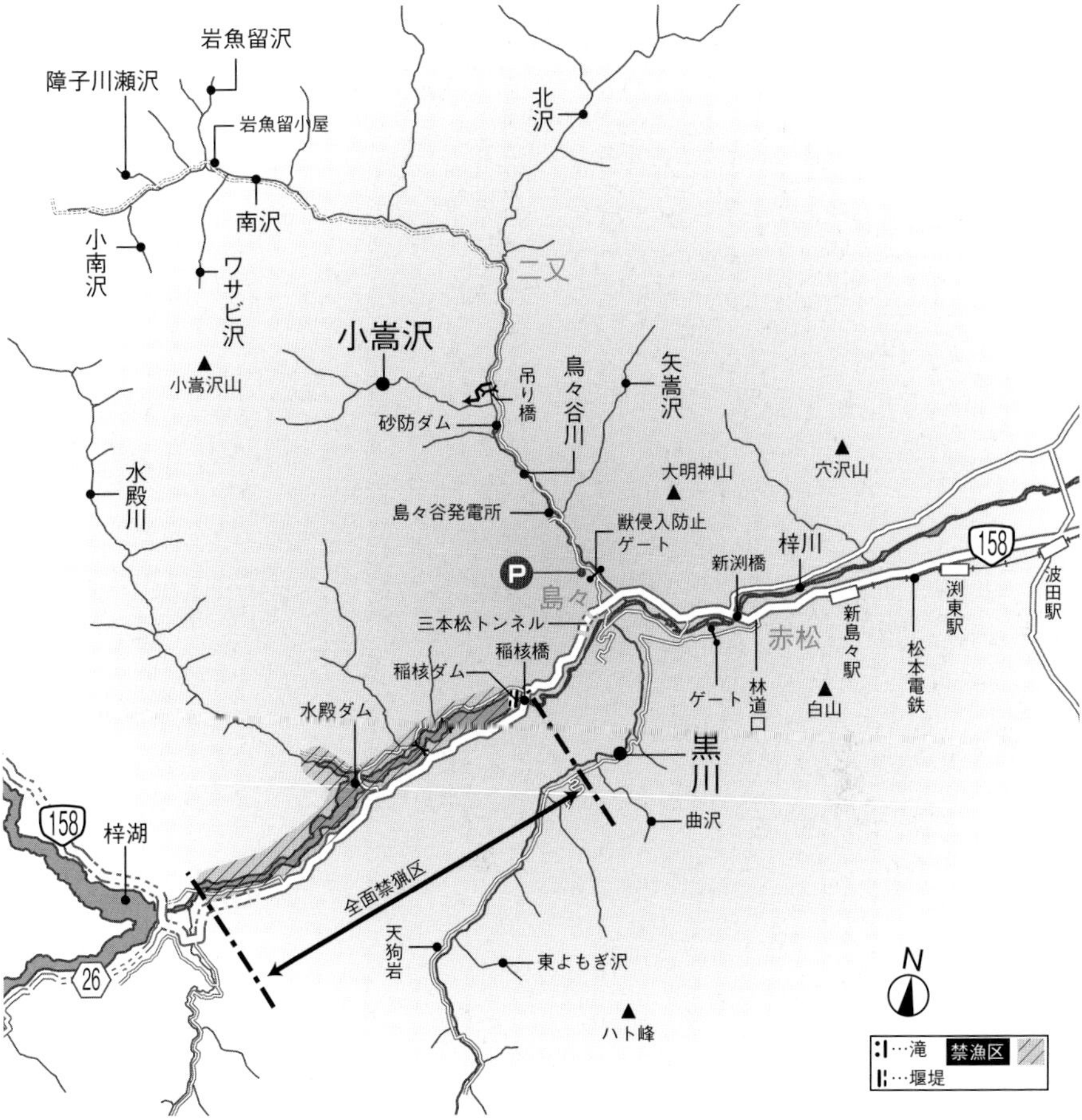

るとよい。しばらくは徒歩での挑戦になるので、充分注意しながら体力と相談してチャレンジしてほしい。

車が入れる状況になったらと仮定しての紹介だが、ゲートから2kmほどで林道は大きく左に曲がり黒川と平行して走るが、この辺りではまだ流れとの標高差が大きく、さらに4kmほど走った曲沢の先からぐっと近くなるので、適当な入渓場所を捜すとよい。林道は黒川を縫って走るが、どこからといった目印がないため、黒川沿いで駐車できるスペースが見つかればそこからの入渓となる。黒川は渓相が特徴的で、平瀬が長く続いたあとは落差が大きく大石がゴロゴロしている淵が連続する繰り返し。水量は多くないが典型的な山岳渓流で、10km以上と奥が深いのでとても1日では釣り切れない距離がある。出来れば現地で1~2泊の余裕をもって臨むのがよい。納竿の目安としては、右岸から流れ込む東よもぎ沢の先、天狗岩辺りが適当だろう。（小澤）

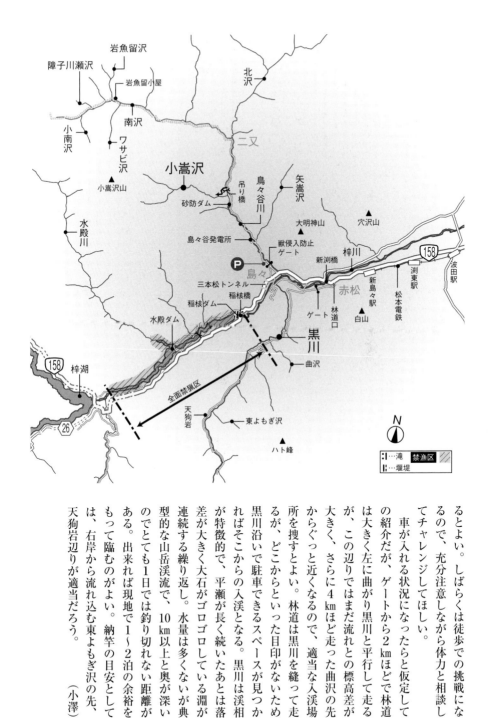

梓川水系
島々谷川支流

北《き》沢《た》

昼なお日差しの薄い島々谷の奥座敷
日帰り釣行は帰りの時間に充分余裕をもって

鈴小屋トンネル先の最初の徒渉点より上流の渓相

尺超えのイワナも出ることがある

島々谷川の北沢は、普通は島々集落から最終ゲートまで車で入れるのだが、2020年梅雨豪雨で途中の林道が崖崩れなどで不通になり、鹿よけゲートの少し上の駐車スペースまでしか車は使えない。今回の不通で林道が復旧するには、数年はかかると思う。北沢入口の二俣までは歩きで1・5時間前後かかる。とい

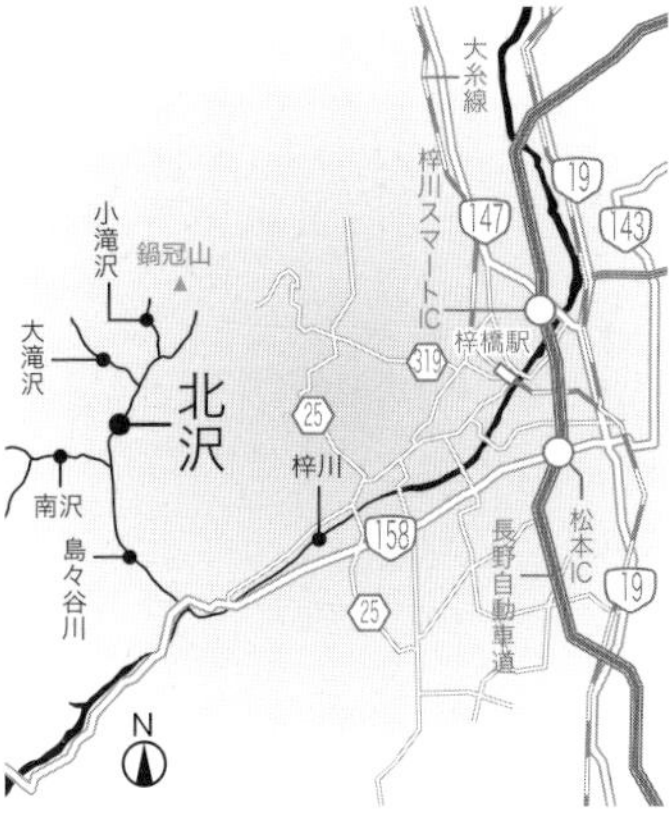

information

●河川名　梓川水系島々谷川支流北沢
●釣り場位置　長野県松本市
●主な対象魚　イワナ
●解禁期間　2月16日～9月30日
●遊漁料　日釣券1050円（現場売り2050円）・年券4200円
●管轄漁協　安曇漁業協同組合（Tel090-3403-0680・大野方）
●最寄の遊漁券発売所　中村屋百貨店（Tel0263-94-2043・安曇村稲核）
●交通　長野自動車道・松本IC下車。国道158号（野麦街道）を水殿ダム方面へ

うことは二俣まで不便になるぶん、人が入りにくくなるので良型が出る可能性が高いはず。来季からは期待が持てるのかもしれない。

　ただし、ここ2年続きの大雨で川が痛めつけられているので、魚のダメージが回復するのも数年はかかる可能性がある。また北沢は奥が深いので充分な時間を持って入ってほしい。帰りも同じ沢道を帰ってくるしかないので注意が必要だ。

●最初の徒渉点で遡行の判断を

　普通は、鈴小屋トンネルを出たところから沢筋に入り300mほど進むと、左岸側の踏み跡の終点で川を徒渉することになる。ここの徒渉が困難な場合はこれ以上進まないほうがよい。無理して進んでも徒渉箇所が多いので渡れない場合が多く、危険も伴う。こんな時は1つめの二俣トンネルを抜けたところから川に入り、5号砂防ダムの間でも釣れる可能性がある。また、2つめの鈴小屋トンネルを抜けたところからサオをだして最初の徒渉点（あるいは徒渉困難点）までの間でも魚は出る。いずれにしても無理をしないように楽しんでもらいたい。ちなみに3つめのワサビ沢トンネル出口付近は崖になっていて川に降りるのは難しい。

　二俣取水口の水の落ち口は、ゲートの開き具合次第だが魚が溜まっている場合が多い。みんながかまうのでスレているが、朝一番で入ればよい結果は確実に得られるはず。

　さて最初の徒渉箇所から上流に関しては、はじめ600mくらいは急流箇所が多く、大きな岩やギャップが続きポイントは豊富にある。徒渉を繰り返しながら進むが、ときどき左岸側に昔のトロッコ軌道跡があり使えそうに見える。しかし2箇所くらい完全に道が落ちており、ロープが掛かっているが、これを渡るには少々難しい。水量が少なければ川の中を進んだほうが無難だ。進んで行くと6mくらいのギャップが出てくるが、左岸を岩伝いに上がるとそこからは河床勾配が緩くなる。この区間は魚影も多いところだ。しかし2020年の梅雨でかなりやられてしまいダメージが大きい、ここも回復するには数年かかるかもしれない。

最初の徒渉点から少し上流の岩壁帯を望む

左岸側の軌道跡が崩れ落ちてロープが掛かっている。初心者には難しく、水量が少なければ川の中のほうが安全

●水温が低く毛バリは6～8月がお勧め

　再度進むと河床勾配がふたたび急になり、大岩とギャップが繰り返し生じてくる。ここまで来ると魚影は多くなる。源流に近くなると大滝沢、小滝沢、冷沢と続くが、かなり早い釣りをしないとここまでたどり着けない。泊まりの場合は高水敷（高台）や大・小滝沢出合などがテン場となるが、夕立などで水量が増える場合もあるので逃げ場を確保（確認）しておい

たほうがよい。日帰りの場合は、帰りの時間も充分とるようなペース配分を考えておかなければ時間的に無理が生じる。

この沢は日光が入りにくいので水温も低い。エサ釣りの場合は年中よいが、毛バリは6～8月が無難。また9月に入ると急激に涼しくなるので追いが悪くなる。島々谷のよいところはアブも蚊もブユも極端に少なく、渓泊まりでも日帰りでも快適な釣りを楽しめることだ。地球温暖化の中でこういう沢は貴重だと思う。

最後に、島々谷もご多分に漏れず砂防ダムが多い。これらのダムをスリット化改修すれば、豪雨時に受ける谷のダメージを早く回復できるのだが。釣り人にも、もっと声を上げてもらいたいものだ。

（田口）

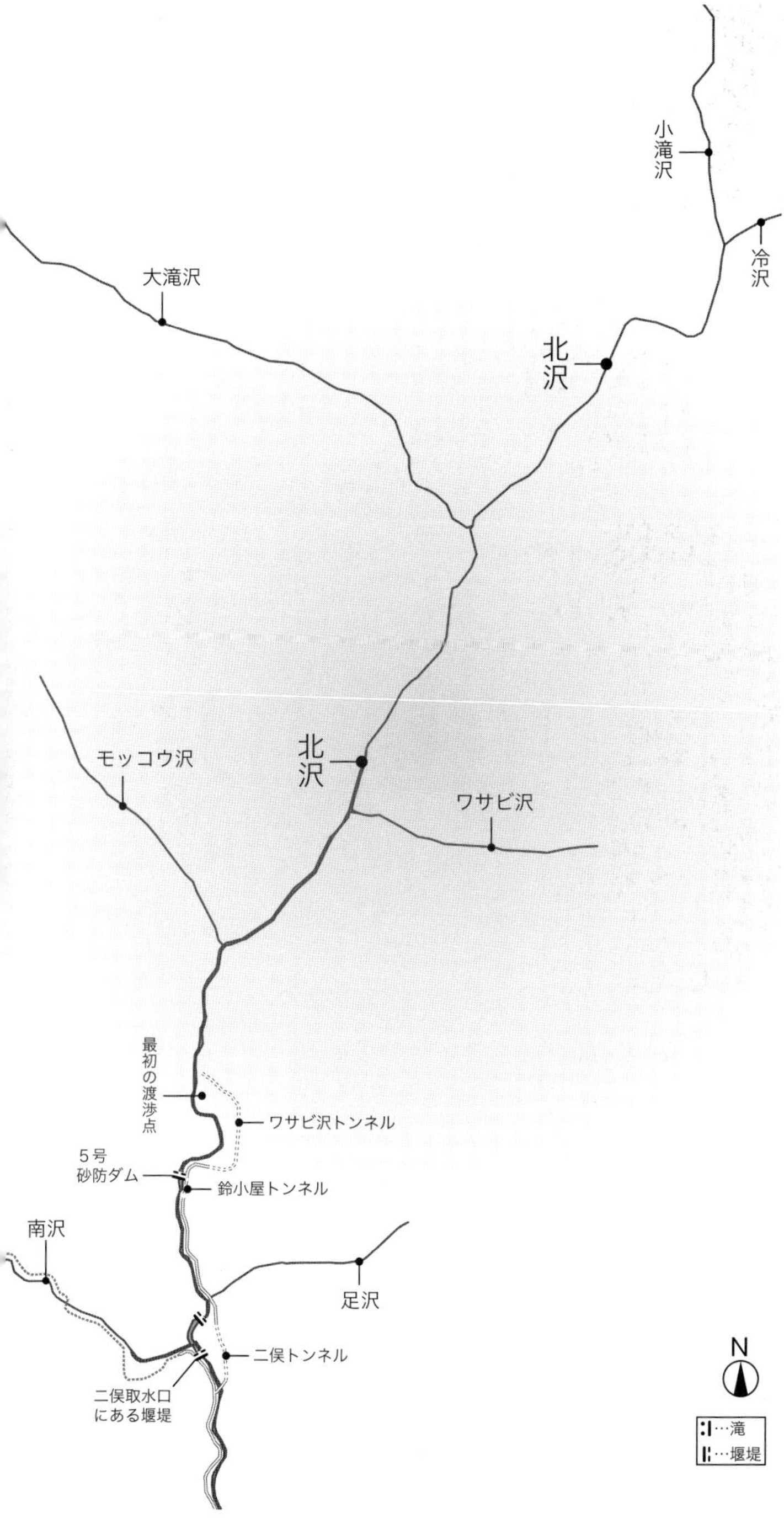

姫川水系

姫《ひめ》川・松《まつ》川＆支流・北股入《きたまたいり》

本流は白馬三山の絶景を目に大ものねらい
透き通る冷水の源流はベテラン向きの渓

姫川の「大出の吊橋」下流からの眺望は見事

●北アルプスを眺めて
最高のロケーションでの釣り

国道148号の大町市と白馬村の境「新佐野坂トンネル」は、佐野坂峠を貫いたものだが、この峠が信濃川水系高瀬川と姫川の分水嶺となっている。姫川の源流は、奥深い山奥ではなく、トンネル近くにある標高750mの親海湿原一帯で、ここを涌き水として糸魚川まで58kmの流程だ。国道沿いに大きな河川の源流が見られるのは全国的にもまれのようだが、流程のほとんどが国道に沿っていることも珍しい。源流域から田園地帯を経て6kmほど下ったところで左岸から平川、さらに3km下ると同じく左岸から松川が流れ込むが、支流のほうが本流より河川

松川は川幅が広いため、立ち込んでの釣りになることも多い

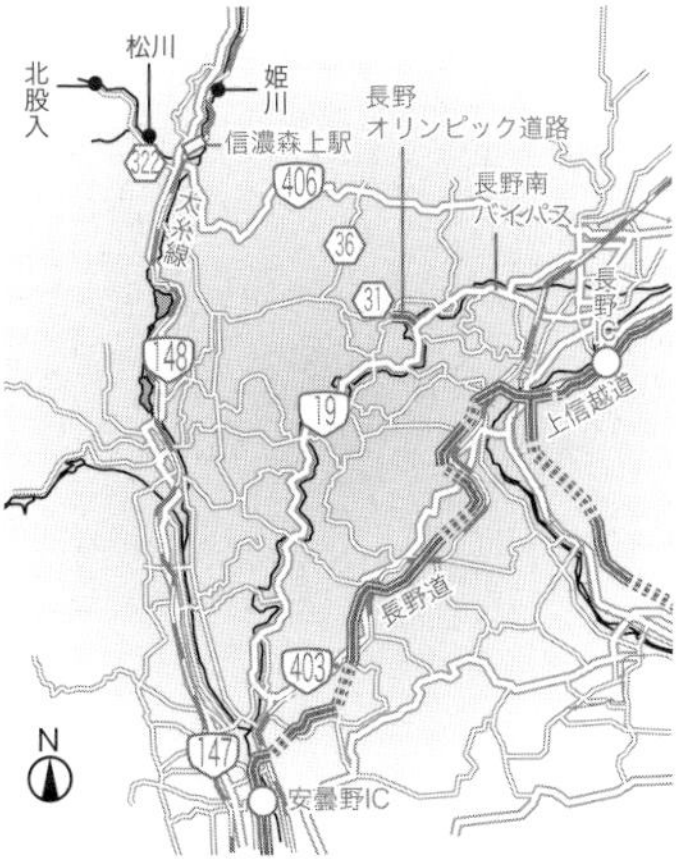

松川・北股入への入渓点となるヘアピンカーブ手前から上流を望む

規模や水量が多いのも姫川の特徴だ。

姫川の釣りの魅力は、白馬岳を中心とした北アルプス後立山連峰の眺望が素晴らしいことだろう。麓の木々が芽吹く5月、3000m級の白馬連山にはまだ真っ白な残雪があり、初々しい若葉と紺碧の空とのコントラストは、絵のような美しさだ。白馬の山々の川筋から雪が消えるのは9月に入ってから。それだけに白馬三山東側一帯を源流域とする支流の松川は、豊富な水量と澄んだ流れで、真夏でも渇水することなく10℃を超えることのない水温は冷水を好むイワナたちの絶好の住処となっている。

白馬での釣りは、本流が姫川第二ダム上から平川との合流点まで、支流は松川の国道に架かる松川橋から二股発電所までが堰堤もなく平坦で遡行が容易なこともあり、初心者にもイチオシ。二股発電所際で南股入と北股入に分かれるが、いずれも堤長100mほどの巨大な堰堤が連なり、高巻の続く難儀な遡行となるが、堰堤下の淵に潜んでいる尺ものねらいが松川の魅力となっている。

●大型ねらいと景色を堪能する 姫川本流と松川での釣り

姫川本流の入渓点は、国道から野平集落へ向かう水神宮橋から。左岸からだとすぐに松川が合流し徒渉が難しいので、右岸から入るのがよいだろう。本流のお勧めポイントは、白馬駅から鬼無里に抜ける国道406号と交差する上下となる。特に観光名所の大出の吊橋下流は、田園地帯越しの白馬連山の眺望が素晴らしく、釣りは二の次と思わず見惚れてしまうはずだ。

information

●河川名　姫川水系姫川・松川＆支流・北股入
●釣り場位置　長野県北安曇郡白馬村
●主な対象魚　イワナ、ヤマメ
●解禁期間　3月1日～9月30日
●遊漁料　日釣券1000円（現場売り2,000円）・年券5000円
●管轄漁協　姫川上流漁業協同組合（tel0261-72-5955）
●最寄の遊漁券取扱所　セブンイレブン白馬神城店（Tel0261-75-4170）、ローソン信州白馬八方店（Tel0261-72-4843）
●交通　上信越自動車道・長野ICから長野南バイパス、国道19号、長野オリンピック道路を経由して白馬方面へ。長野自動車道・安曇野ICから国道147号、148号で北上し、県道322号で姫川へ

解禁間もない姫川の本流は積雪も多く、雪庇を踏み外しての転落には注意が必要だが、岸辺の雪上から長ザオで大型のイワナやニジマスをねらうのも面白い。数年前、50㎝もあるニジマスをヒットしたが、思わぬことだっただけに取り込めなかった。本流での釣りは、万全の仕掛けで臨みたい。

松川の下流域は、緑の盛期には最近流行りの大型ゴムボートのアドベンチャーが行なわれ釣りは不向きだ。お勧めの好釣り場は、国道１４８号に架かる松川橋から白馬大橋までの２㎞弱と、白馬大橋から二股発電所までの２㎞余り。いずれも橋際に適当なスペースがあるので駐車するとよい。

この辺りの松川は１００ｍ超の河川敷を蛇行して流れるが、大石裏の淀みや小堰堤の落ち込みをねらうとよいだろう。また、正面の白馬三山に向かって釣り上がることから、常に随一の景色が楽しめるのも松川ならではの魅力といえる。

北股入の下流域。透き通るような澄んだ流れが続く

北股入は水量が多いため、25㎝超の大型イワナが揃う

●遡行に体力と技術が求められる
松川上流部の釣り

二股発電所際で右岸から流れ込む南股入と左岸からの北股入が合流する。いずれも水量が多く、真夏でも渇水しないため盛夏の釣り場として人気が高い。北股入は、白馬岳と杓子岳の谷間にある白馬大雪渓一帯が源だけに、9月初旬までは雪代が入ることから水温が10℃を超えることはない。

北股入は白馬岳の登山口となる大雪渓下「猿倉荘」の大駐車場が最上部になるが、二股発電所からは高巻が出来ない堰

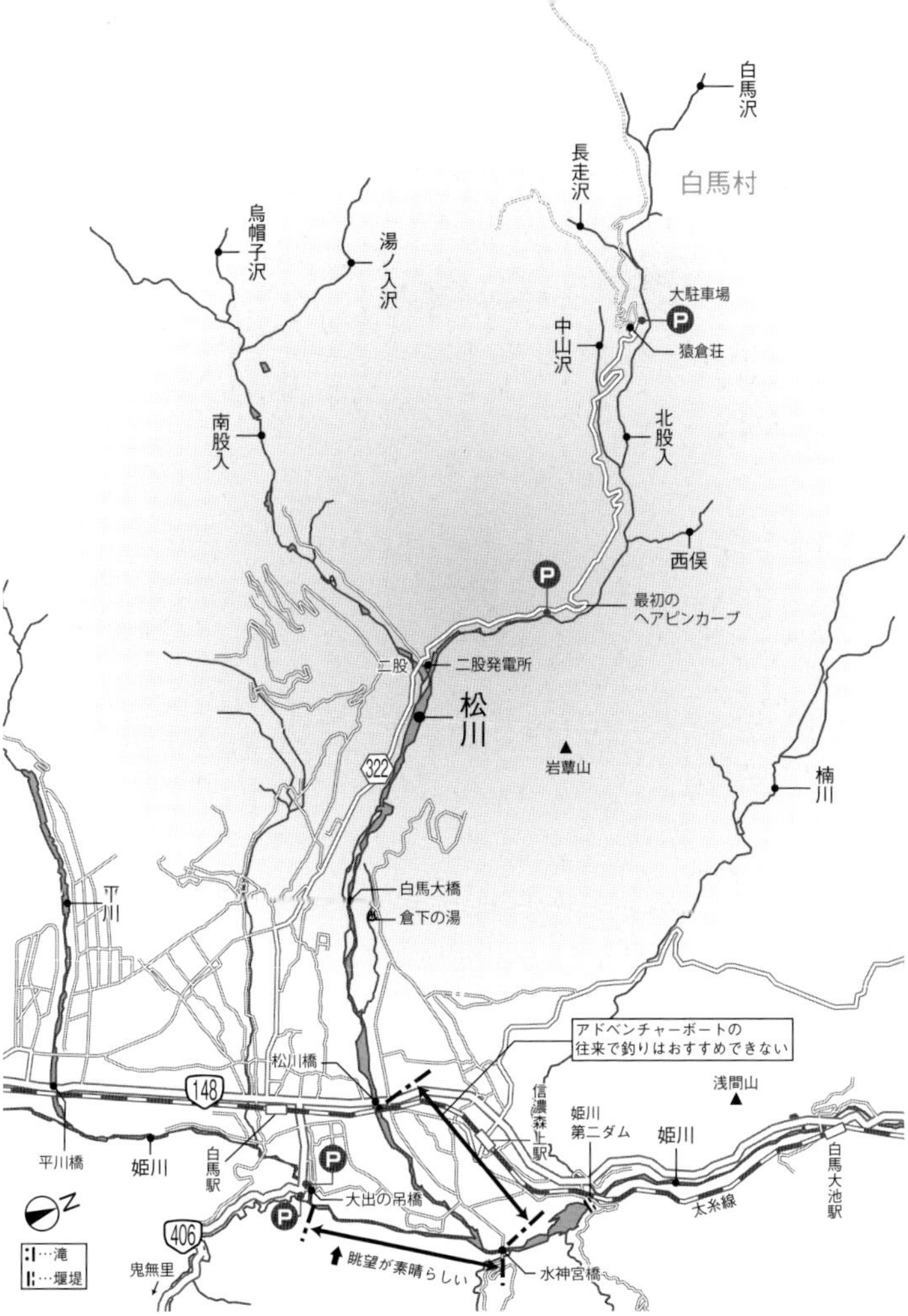

堤を含め5つの二段堰堤があり、入渓場所が限られていることや、ゴルジュや家ほどもある大石が連なっている渓相だけに、遡行には体力と技術が求められる。

イチオシの入渓ポイントは二股発電所から1・5㎞ほどで、猿倉荘へ通じるバス道の最初のヘアピンカーブ手前、流れと10mほどの距離で駐車スペースがあるところになる。ここから上部には入渓できる場所が2箇所しかなく、いずれも流れからは少し離れている工事用の道路からだ。ただ、万年工事をしている様子で、駐車スペースの確保や入渓には注意が必要。入渓できる場所が少ないということは、納竿後に上がる場所も限られるということだから、川通しで戻るかあらかじめ下調べしておくほうが無難だろう。

　北股入は大雨後を除き透き通るような澄んだ流れで、人影を映さない配慮をすることが肝心で実に攻略が難しい。また、5月以降は川虫がほとんどいないことから、イワナは夏になると普通のエサには見向きもしないのも特徴だ。毛バリか必殺技は「ふっ飛ばし」で、渓沿いで無数に飛び交う赤とんぼやバッタがイワナたちの好物らしく威力を発揮する。捕獲にはタモを使うとよいだろう。

　最近、漁協がヤマメを放流しており下流域はイワナとの混生となり、ねらいどころが難しい。典型的な山岳渓流で、標高からしてもヤマメが釣れることには複雑な思いもある。

（小澤）

単独河川

上川《かみ》

アクセスよし、型よし、観光もよし 諏訪湖から諏訪マスも遡上する人気河川

中流部で一番お勧めエリアが諏訪東部漁協前の流れ。成魚放流も行なわれ魚影も多い

長野県八ヶ岳西麓を水源に茅野市と諏訪市の市街地を流れ、天竜川の源でもある諏訪湖に流入する上川。県道192号に並行するように流れているため、入渓しやすく初心者からベテランまで幅広く楽しめる川だ。また中央自動車道からのアクセスが容易で、周辺には上諏訪温泉や霧ヶ峰高原など観光施設が多数存在する。そのため休日は家族で訪れ、朝は釣

上川本流で仕留めた尺上アマゴ。美しい魚体に見惚れる

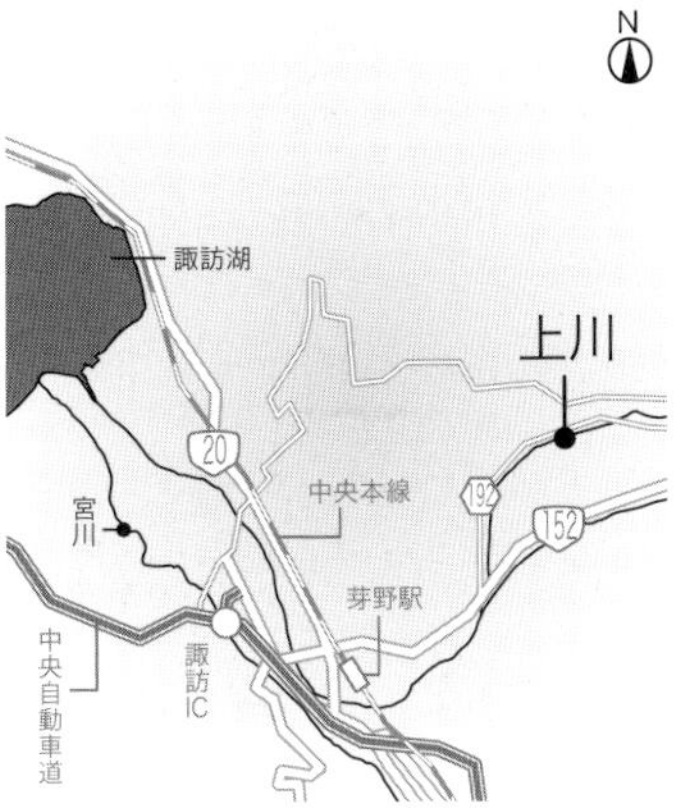

information

●河川名　上川
●釣り場位置　長野県茅野市
●主な対象魚　イワナ、アマゴ
●解禁期間　2月16日～9月30日
●遊漁料　日釣券1000円（現場売り1500円）・年券6000円
●管轄漁協　諏訪東部漁業協同組合（Tel0266-73-5060）
●最寄の遊漁券発売所　セブンイレブン諏訪インター店（Tel0266-53-1010）、諏訪東部漁業協同組合（Tel0266-73-5060）
●交通　中央自動車道・諏訪IC降車。国道152号、県道192号で上流部へ

りをして昼は家族サービスを計画することも可能である。

上流部はイワナやアマゴが混生し2月16日の解禁初期から釣りが楽しめ、中下流部はアマゴ主体で時に尺上のパーマークの綺麗な1尾に出会うことができる。

近年の研究で縄文時代のDNAを受け継ぐ個体が確認されており、地元では縄文アマゴと名付けられ、多くの釣り人を虜にしている。さらに注目すべきは諏訪湖の存在で、梅雨時期の増水をきっかけに通称・諏訪マスと呼ばれる銀毛化したアマゴが諏訪湖から遡上を開始する。シーズンを通してさまざまな対象魚をねらえる魅力的な河川である。2019年の台風により流れが変わってしまった箇所もあるが、過去の実績を踏まえ下・中・上流部に分けて紹介する。

●下流部ー大型遡上魚ねらい

中央自動車道諏訪ICを降り直進するとすぐに広瀬橋に着く。下流にある飯島橋跡地からこの広瀬橋下の堰堤までが下流部のポイントである。川の両側を通るバ

諏訪東部漁協前から下流の渓相。誰でも安心してサオがだせる

下流域となる広瀬橋下流の堰堤を望む。諏訪マスも期待できるエリアだ

中流域に架かる公園大橋の上流、運動公園前の堰堤を望む

イパス沿いに駐車スペースがあり、そこを利用して入渓出来る。バイパスは両側それぞれ一方通行なので注意が必要だ。ここでは前述の諏訪マスが主な対象魚で、ゴールデンウイークが過ぎると釣果情報が地元の釣り人の間で行き交い始める。盛期は梅雨後の増水時で、群れに当たれば高い確率で釣ることが可能だ。

　下流故に外道も多く、大型のニゴイが頻繁にエサに食いついてくるので、ポイントを荒らさないためにもある程度強引なやり取りができるタックルが望ましい。時に40㎝を超える諏訪マスが掛かることを考えると、イトは0・8号前後の太さを選択し、サオは8ｍ前後で充分だ。エサはミミズが効果的で、水深のあるポイントをていねいに探ろう。ここは近年人気が高まり釣り人が多くなってきている。お互い声を掛け、ポイントを譲り合うなどマナーを守って気持ちよく釣りを行ないたい。

●中流部ー魚影の多い人気エリア

　やすらぎ橋周辺から茅野市運動公園前の堰堤までが中流部のポイントである。堰堤や瀬、淵といったねらいがいのある場所が多数存在し、容易に入渓できるため盛期になると連日釣り人がサオをだす人気の区間だ。この中流部で私が一番お勧めするのは諏訪東部漁協前から神橋までのポイント。漁協前だけあって成魚放流が行なわれたり、ニジマスの釣り大会が開かれたりと魚影が多い場所で、入渓箇所に階段が整備されているため誰でも安心して釣りを楽しめる。その反面、人的プレッシャーが高いことが居着きアマゴの警戒心を強めている。ポイントを的

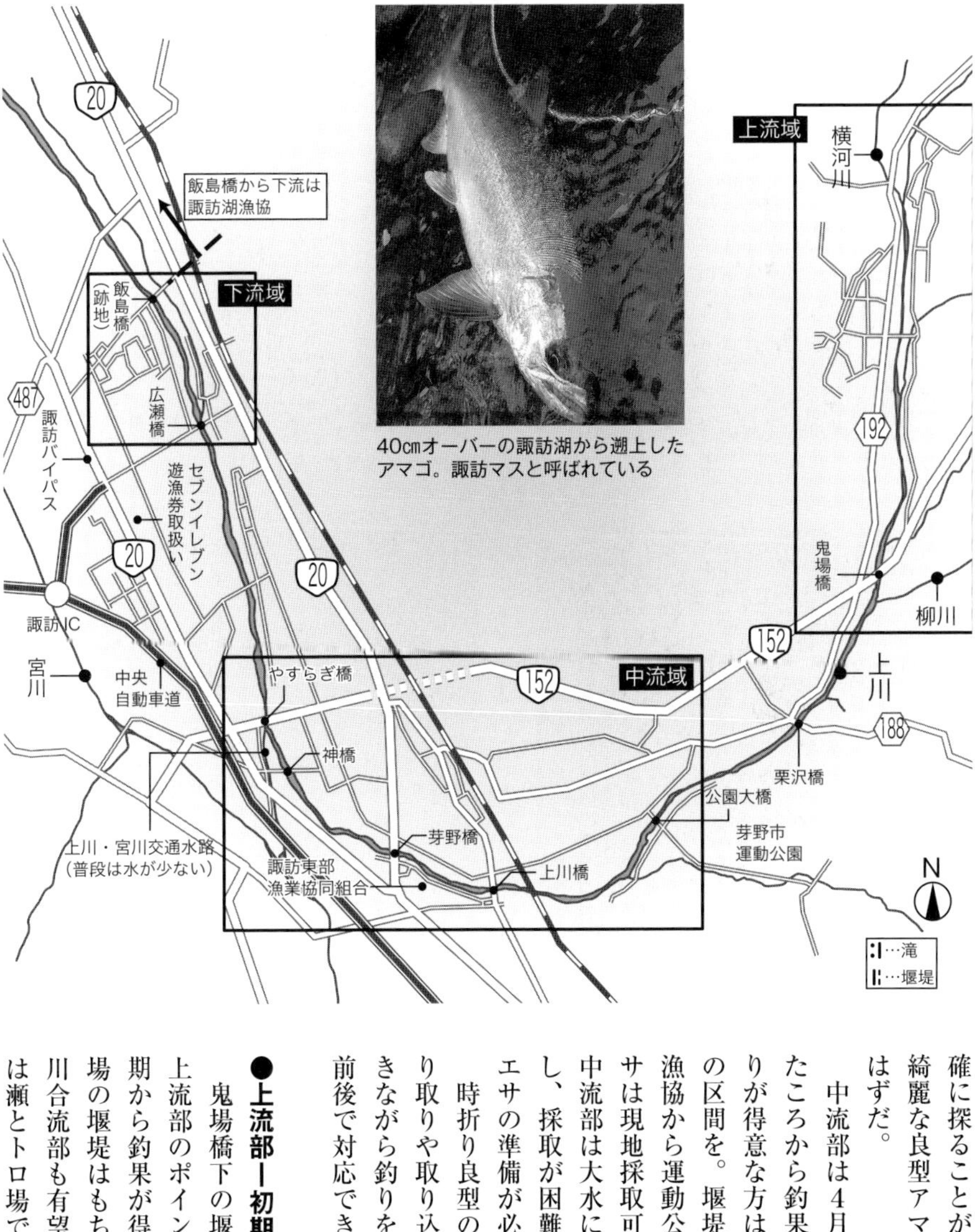

40㎝オーバーの諏訪湖から遡上したアマゴ。諏訪マスと呼ばれている

確に探ることができれば、パーマークの綺麗な良型アマゴがサオを絞ってくれるはずだ。

　中流部は4月に入り水温が上昇し始めたころから釣果が出る。トロ場や淵の釣りが得意な方はやすらぎ橋から漁協までの区間を。堰堤や瀬の釣りが得意な方は漁協から運動公園までの区間がよい。エサは現地採取可能な川虫が効果的だが、中流部は大水によりしばしば流れが変化し、採取が困難な場所も多いため、予備エサの準備が必要である。

　時折り良型のアマゴが掛かるため、やり取りや取り込む場所などを常に頭に描きながら釣りを行ないたい。サオは8m前後で対応できる。

●上流部－初期、晩期ともお勧め

　鬼場橋下の堰堤から横河川合流までが上流部のポイントである。上川で解禁初期から釣果が得られるのがこの区間。鬼場の堰堤はもちろん、堰堤のすぐ下の柳川合流部も有望である。鬼場橋から上流は瀬とトロ場でポイントが形成されてお

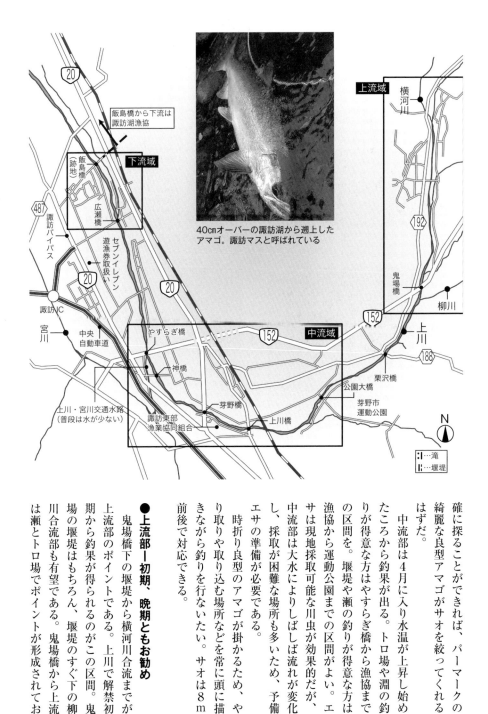

鬼場橋下流で合わさる柳川との合流点

鬼場橋上流の流れ。橋下の堰堤から横河川合流までが上流部のポイント

横河川との出合付近。瀬とトロ場が交互に現われる

上川と横河川の出合下流にある放水口付近の流れ

り、石裏などをていねいに探っていくとよいだろう。横河川合流部の下では上流で取水された水の放水口があり、尺上アマゴやイワナの実績がある場所だ。サオは6m前後でズーム機能を兼ね備えたものがあると便利。エサは川虫が効果的で解禁初期は予備エサも携帯したい。

シーズンを通して釣果を得られるのが上流部だが、お勧めしたい時期は晩期の9月。この時期は前橋下流の堰堤で、産卵のために上流を目差す良型アマゴがジャンプしている姿を目撃する。また婚姻色のアマゴが毎年釣りあげられるのは横河川合流部付近だ。幸運にも婚姻色の魚に出会えたら、今後の種の保存のためにもできるだけ体を傷つけずにリリースしたい。

まだまだ上川の魅力はたくさんあるが、以上の3区間が主な釣り場所になる。解禁初期には気温が氷点下になるため防寒対策は忘れずに行ないたい。また降雪時などは冬用タイヤが必要になることもある。大好きな釣りを楽しむためにも安全対策を第一に考え行動しよう。（池田）

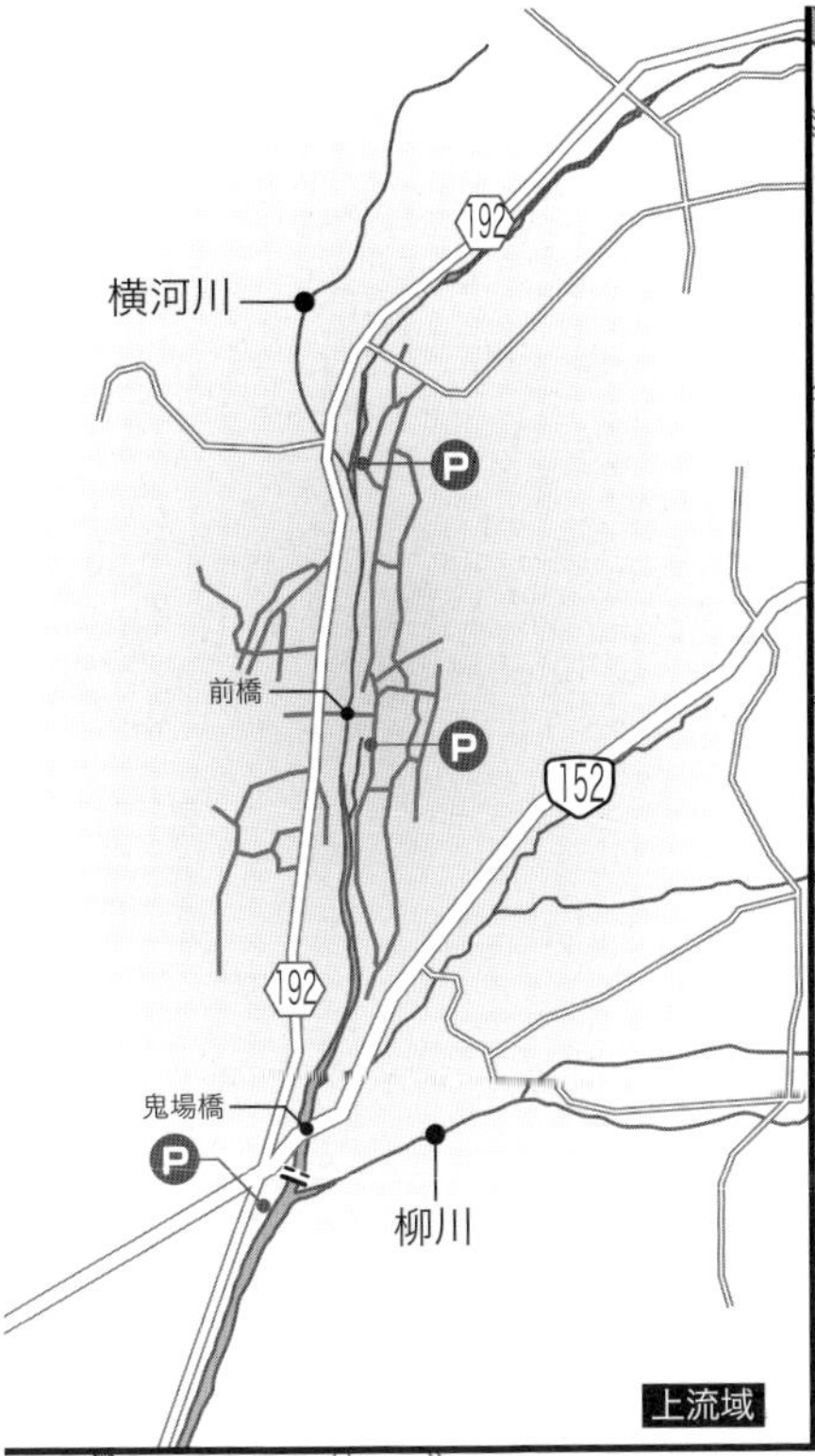
横河川
192
前橋
152
192
鬼場橋
柳川
上流域

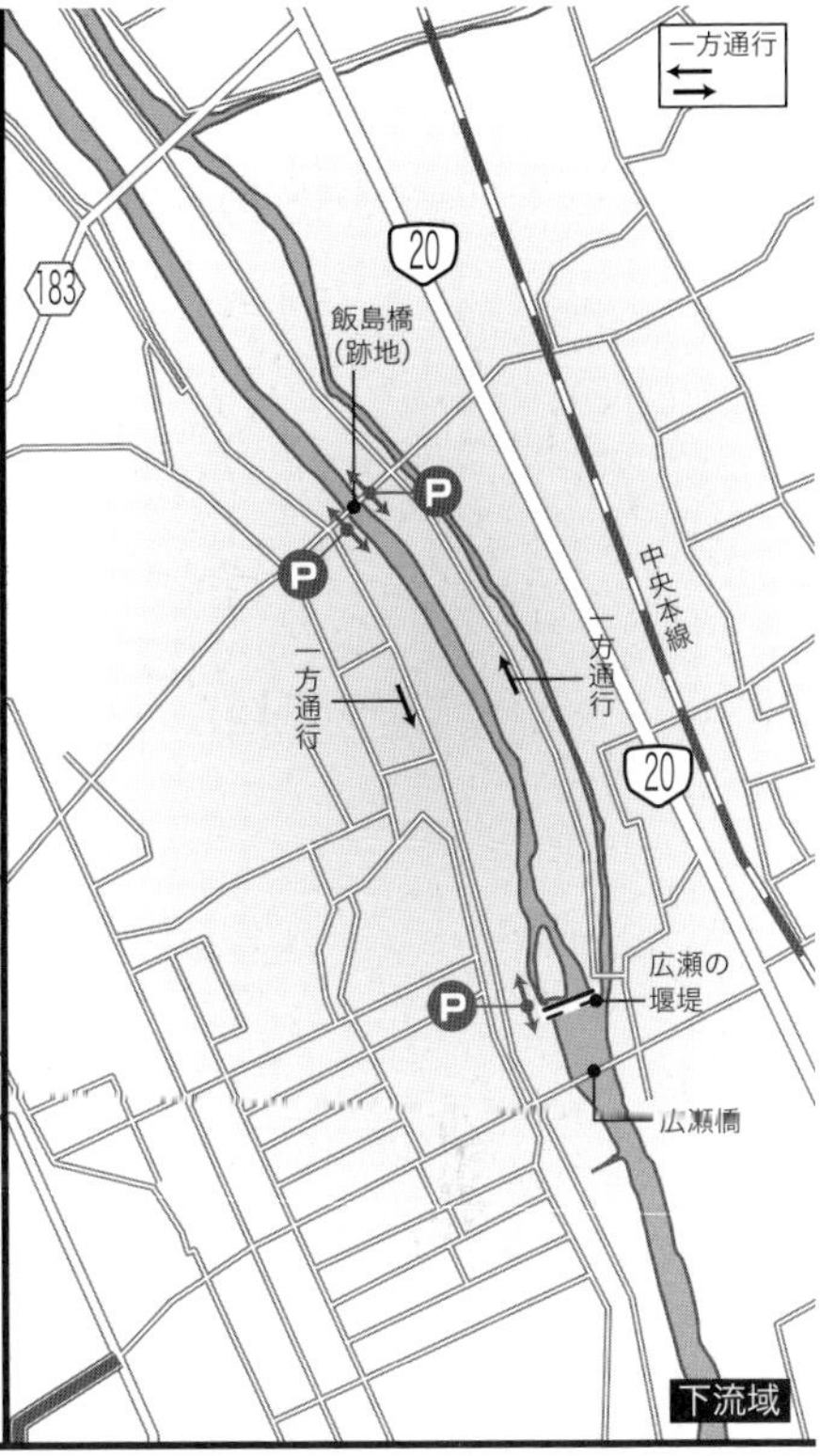
一方通行
20
183
飯島橋
(跡地)
中央本線
一方通行
一方通行
20
広瀬の堰堤
広瀬橋
下流域

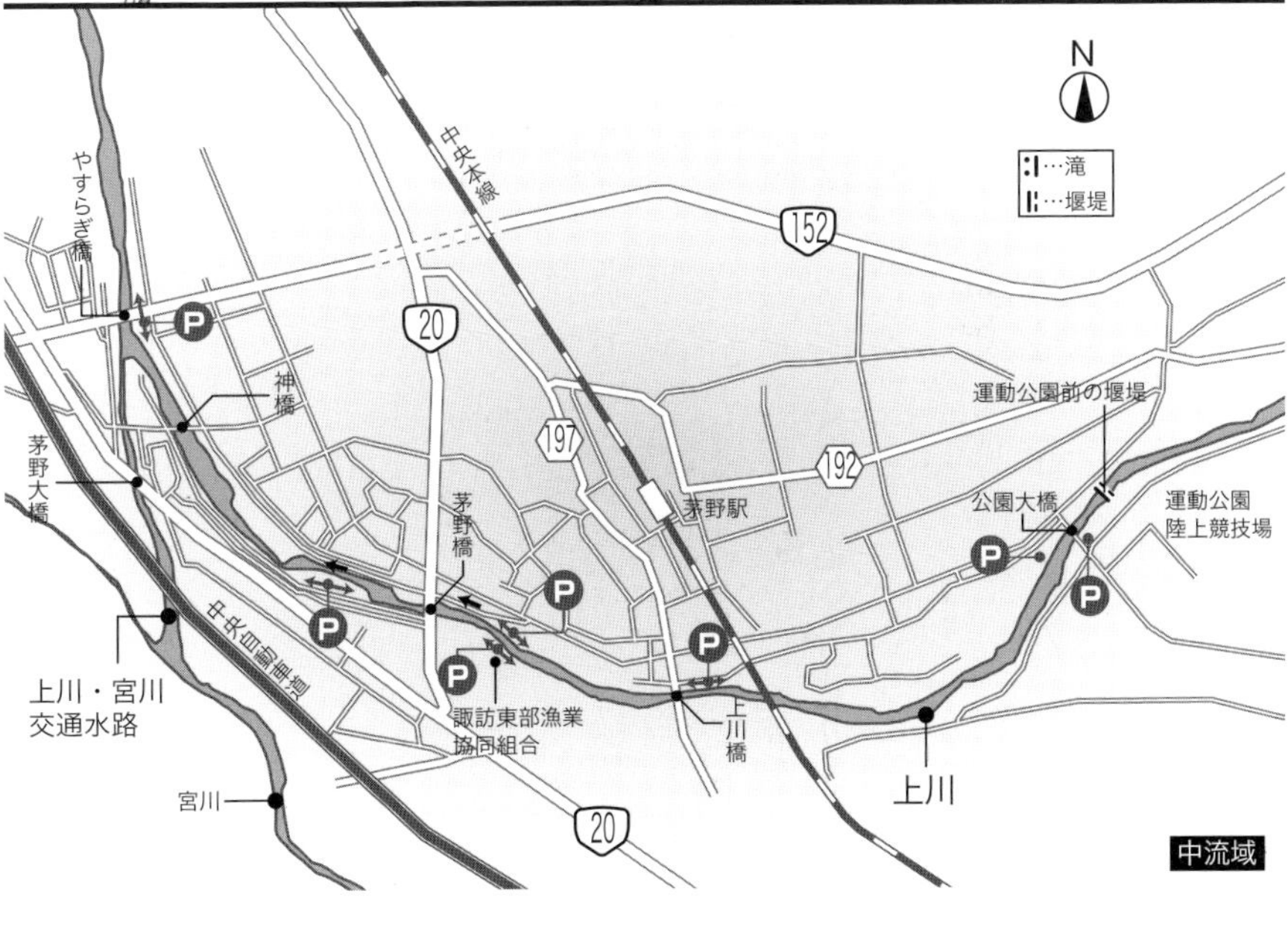
N
・|…滝
|・|…堰堤
中央本線
152
やすらぎ橋
20
神橋
運動公園前の堰堤
197
192
茅野大橋
茅野駅
公園大橋
運動公園陸上競技場
茅野橋
上川・宮川交通水路
中央自動車道
諏訪東部漁業協同組合
上川橋
上川
宮川
20
中流域

単独河川

宮《み》川《や》

諏訪大社御柱祭り「川越し」の川は渓魚の好釣り場
沢育ちの大イワナや諏訪湖から遡上する諏訪マスも期待

安国寺橋下流の渓相。ここは御柱祭の川越しの場所となっている

長野県八ヶ岳南麓と入笠山《にゅうかさやま》を水源とし、国道20号に沿って流れる河川。ここは前項で紹介した長野県上川と同じ漁協管轄内で諏訪湖に流入する。宮川と聞いてあまりイメージがわかない方がいるかもしれないが、7年に一度開催される諏訪大社御柱祭りの見せ場「川越し」の場所が宮川なのである。

川は所々護岸整備されているが、梯子が設置されている場所もある。入渓しや

安国寺橋より上流の流れを望む。トロ場で魚が留まる

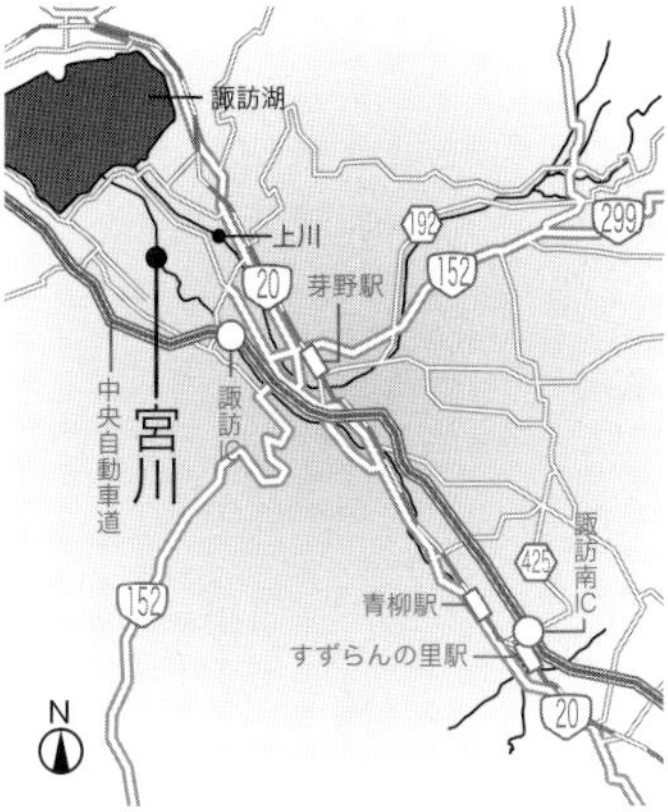

information

●河川名　宮川
●釣り場位置　長野県茅野市
●主な対象魚　イワナ、アマゴ
●解禁期間　2月16日～9月30日
●遊漁料　日釣券1000円（現場売り1500円）・年券6000円
●管轄漁協　諏訪東部漁業協同組合（Tel0266-73-5060）
●最寄の遊漁券発売所　セブンイレブン諏訪インター店（Tel0266-53-1010）、諏訪東部漁業協同組合（Tel0266-73-5060）
●交通　中央自動車道・諏訪IC降車。国道20号で上流部へ

すいため、親子での釣りも可能だ。主なターゲットはアマゴで、河川の規模の割に良型がサオを絞ってくれる。上流部に行くとイワナも混じり、時には沢から落ちてきた40㎝を超えるイワナと出会うこともある。もちろん梅雨時期には諏訪マスの遡上も見られるため、シーズンを通して楽しめる河川である。上川と比べると比較的釣り人の数は少なく、ゆっくり釣りをしたい方にはお勧めだ。そんな宮川を過去の実績を踏まえ下・中・上流部に分けて紹介する。

●下流部

安国寺橋周辺から上流の3つめの堰堤までが宮川下流部のポイントである。安国寺橋の下はトロ場になっており、魚が溜まる傾向がある。ゴールデンウイーク頃から釣果が出始め、毎年良型のアマゴが釣りあげられるのもこの場所だ。安国時橋から上流に向かうと1つめの堰堤がある。堰堤の規模は小さいが複雑な流れが形成されており、難しいポイントでもある。底に引き込まれる波を見つけてエ

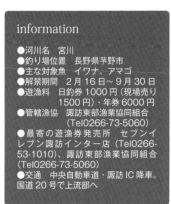

安国寺橋上流の堰堤を望む

尺アマゴ。下流域では良型が期待できる

安国寺橋上流の複雑な流れ

サを投じることが出来れば、魚からの反応があるはずだ。

その上にある2つの堰堤も絶好のポイントだが、その間の区間も見逃せない。朝マヅメには驚くほど浅い流れで良型アマゴが掛かったこともあり、石裏などをていねいに探っていきたい。ここでは護岸の上から釣ることになるため、サオやイトは魚を引き抜くことを前提に準備をしたほうがよいだろう。

川に降りて釣りたい場合は、3つめの堰堤付近から降りることが可能だ。自分の釣り方に合わせて計画してもらいたい。川虫が少ないためミミズやブドウ虫などの予備エサを準備しよう。

●中流部

宮川橋を中心とした坂室地区が中流部のポイントである。川の蛇行によってできる深場や、堰堤が主体で、入渓しやすいことから人気がある場所だ。まずは宮川橋の下流からポイントを紹介しよう。国道20号坂室バイパスの宮川大橋上流側左岸に小さな公園（川辺公園）があり、そ

中流域で合わさる弓振川の出合

坂室地区は入渓しやすい流れが続くので入門にも最適

中流域となる坂室地区の流れ

こに駐車スペースがある。公園から少し上流に行くと堰堤が見えてくる。左岸には梯子が設置されており、そこを利用して川へ降りる。小規模の堰堤だが魚影は多く楽しめる場所だ。さらに上流にはブロックが積み上げられた堰堤があり、この区間は良型が期待できる。ブロックの堰堤を過ぎると瀬やトロ場が続き、弓振川が合流する付近もていねいに探りたい。

ここでは6m前後のズーム機能の付いたサオが扱いやすい。イトは0・4号を中心に自分の釣り方に合わせて選択する。エサは現地採取できる川虫が効果的だが、予備エサも携帯したい。また、梯子を利用する際はくれぐれも足を踏み外さないよう慎重に。

次に宮川橋から上流を紹介する。ここは瀬や深場が連続しているためポイントが分かりやすく、初心者の方にもお勧めできる場所だ。宮川橋から川沿いに上がると右岸に漁協が設置した看板があり、駐車スペースとなっている。20㎝級のアマゴが主体だが増水後は思わぬ大ものに出くわすこともある。ここも宮川橋下流

美しいアマゴとの出会いに期待したい

板室地区のブロック堰堤。この付近は良型が期待できる

上流域では解禁初期から安定した釣果が得られる

上流部の流れ。川幅が狭くなり護岸整備された区間が続く

と同様のタックルで問題ないだろう。

●上流部

国道20号のぞみ大橋の交差点を越えると宮川上流部のポイントになる。田園地帯を流れる里川で川幅は狭くなり、護岸整備された区間が続く。上流部の魅力は解禁初期から安定した釣果が得られるところだ。お勧めはJR中央本線青柳駅からすずらんの里駅までの区間で、小規模の堰堤が多数あり魚影も多い。サオは5mあれば充分で、イトは0・3号前後でよい。エサはミミズやブドウ虫を準備し、解禁初期はイクラが効果的だ。

魚影は多いが狭い区間なので、できる限り魚体を傷付けずにリリースを心掛けよう。駐車スペースは川沿いにあるが、農耕車両の妨げにならないよう注意したい。

以上の3区間が宮川の主なポイントである。前項で紹介した上川と同じ漁協管轄内のため、宮川であまり釣果が得られなければ上川に釣りに行ってみるなど、川を変えられるのも魅力の1つだ。

（池田）

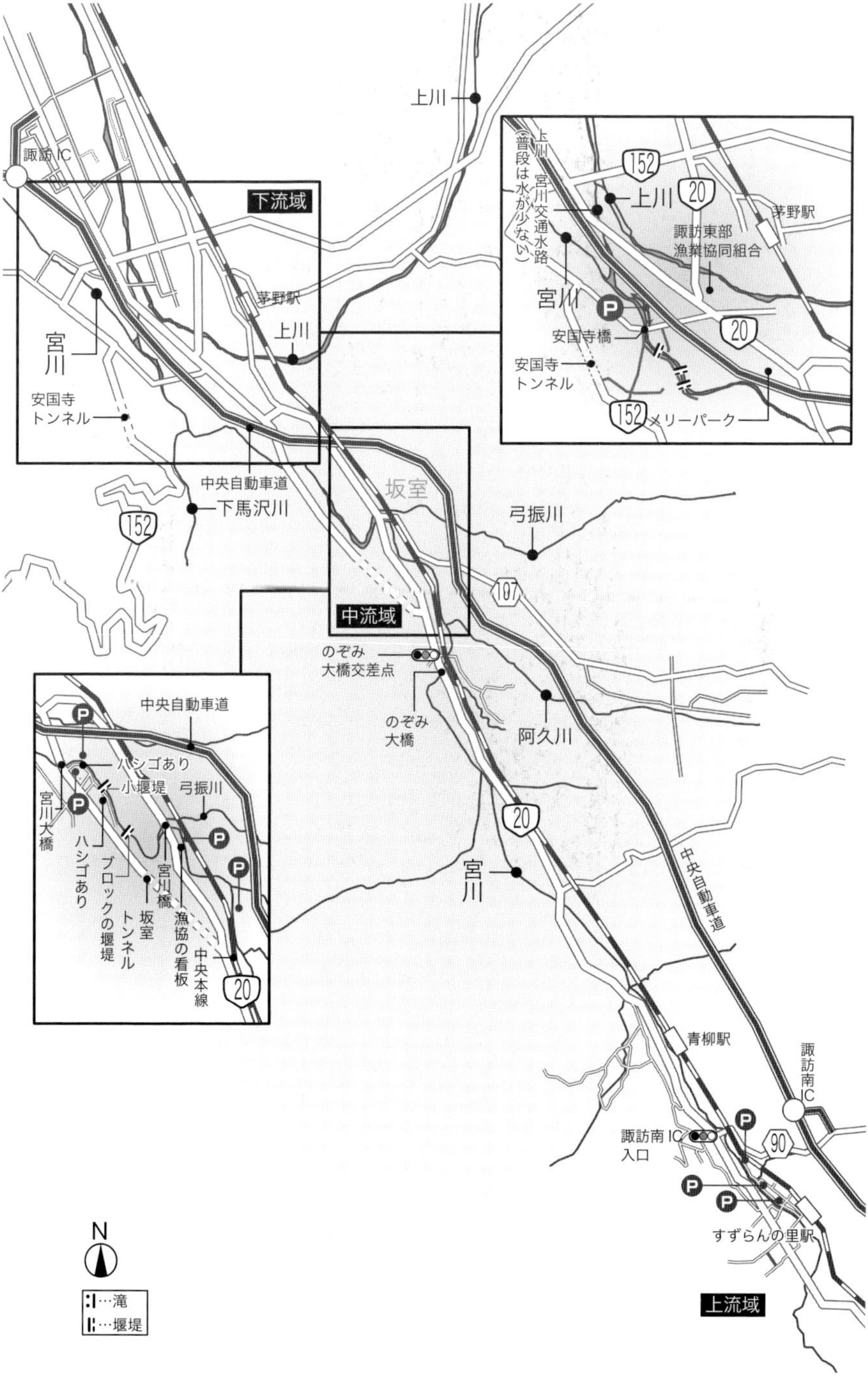
上川
諏訪IC
下流域
茅野駅
上川
宮川
安国寺
トンネル
中央自動車道
下馬沢川
152
坂室
弓振川
107
中流域
のぞみ
大橋交差点
のぞみ
大橋
阿久川
20
宮川
中央自動車道
青柳駅
諏訪南IC
諏訪南IC
入口
90
すずらんの里駅
上流域
上川
（普段は水が少ない）
宮川交通水路
152
上川
20
茅野駅
諏訪東部
漁業協同組合
宮川
安国寺橋
20
安国寺
トンネル
152
メリーパーク
中央自動車道
ハシゴあり
小堰堤
弓振川
宮川大橋
ハシゴあり
ブロックの堰堤
坂室
トンネル
宮川橋
漁協の看板
中央本線
20
N
…滝
…堰堤

木曽川水系

蘭川《あららぎ》

堰堤の連続だがアマゴ、イワナの放流も充実
妻籠発電所以遠がメインフィールド

妻籠発電所。ここから上流は本来の水量に戻る。高低差も少なく入退渓も容易だ

床浪高原を水源とする蘭川は、鍋割川、南沢、男埵川など多くの支流を集めて木曽川に流れ込む流程15kmほどの水量豊かな渓流だ。堰堤が多く、渓魚が往来できない区切られた流れだが放流は充実している。

木曽川合流点から妻籠宿・妻籠発電所までの区間は、水量が乏しく魚影も貧弱で、釣り人を見かけることは少ない。発電所から上流部は、本来の水量に戻り魚影も見られるようになる。

妻籠発電所上流から釣り上がると、妻籠大橋下流で男埵川が合流する。男埵川は中山道沿いに流れる支流でアマゴが釣れる。高低差も少なく入退渓も容易なので、短時間釣行でサオをだすのもよいだろう。

妻籠大橋を通過して大型の堰堤を2基越えると、右岸から押手沢が流れ込む。本流との合流点付近には魚影があり、増水後などにねらうのも面白い。妻籠大橋から南沢出合までの区間は川幅があり、広々とした渓相で釣りを楽しめるので、フライフィッシングやテンカラ向き。堰堤下には期待したいが、連休などのプレッシャーが高い時は下流の深みに魚が付いていることが多い。そのためポイントまでの距離を取り、慎重にねらうことをお勧めしたい。

右岸から流れ込む額付川は、中流部から上流部にかけて堰堤が続き、釣り上がりには向かない渓相。額付川でサオをだすなら、本流の合流部から額付川親水公園下流にある堰堤までがよいだろう。

●南沢合流〜鍋割川合流間は蘭川を代表するエリア

南沢の合流点から広瀬集落、鍋割川が流れ込むまでの流れは、蘭川を代表する魅力的な区間だ。左岸から流れ込む南沢

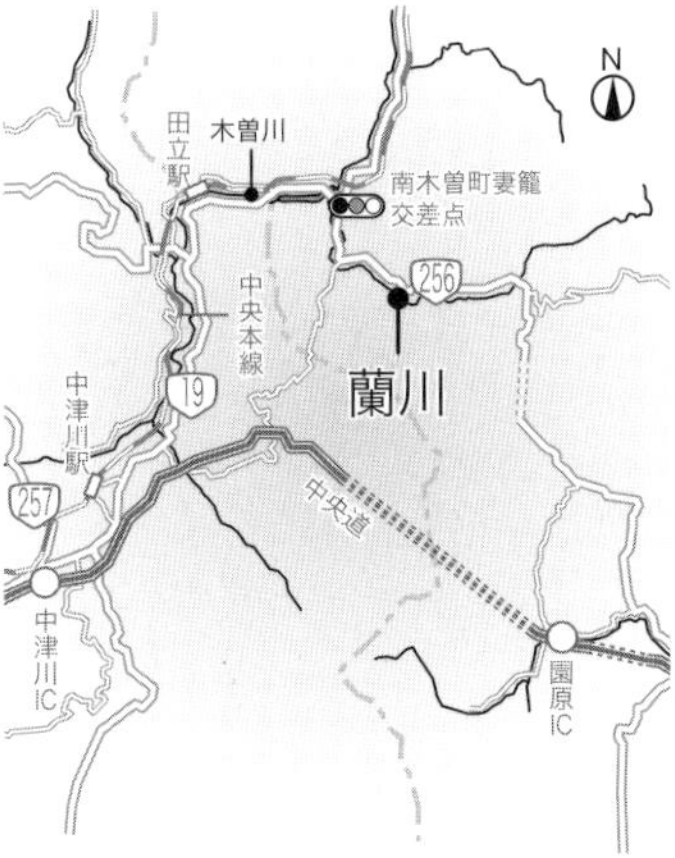

妻籠大橋より下流を望む

は渓相もよく魚影もある。本流増水時や、入渓者が多く本流でサオをだせないような場合にはねらってみたい。

南沢から鍋割川合流点までの区間は、淵や深瀬が連続する蘭川の核心部で良型が好むポイントが続く。良型を手にするには、水面で勝負するよりもエサやルアーなど、水面下の釣りに軍配が上がる。アマゴは小型が中心だが、良型のイワナが潜んでおり、大淵の巻き返しや底石が詰まっているような深瀬のポイントでは、掛けた後まで考えて仕掛けを投入して頂きたい。

広瀬集落付近まで釣り上がると、段差の低い堰堤が連続で現われる。この辺りのポイントは、魚が流れに付きにくいことで魚影も少なく人気がない。

information

●河川名　木曽川水系蘭川
●釣り場位置　長野県木曽郡南木曽町
●主な対象魚　イワナ、アマゴ
●解禁期間　3月1日～9月30日
●遊漁料　日釣券2000円・年券9000円
●管轄漁協　木曽川漁業協同組合（Tel0264-22-2580）
●最寄の遊漁券発売所　デイリーヤマザキ木曽山口店（Tel0573-75-5770）
●交通　中央道・中津川ICを降り、国道19号を松本方面へ。南木曽町妻籠交差点を右折して国道256号から釣り場へ

●鍋割川合流以遠～堰堤間を釣り上がる

国道256号が蘭川を渡る下流で鍋割川が流れ込む。富貴畑橋から滝見温泉までの流れも堰堤が連続するので、釣り上がりは難しい。釣りを再開するのは滝見温泉上流にある大堰堤からとなる。

堰堤上流から釣り上がるには、右岸の林道脇にある路肩スペースを利用して駐車する。川までは明確な杣道がなく、足元に注意して下りて頂きたい。

次の堰堤までは約500m。堰堤上は緩やかな流れだが、釣り上がるに従い山岳渓流らしい流れとなり、瀬やヒラキからはアマゴ、巻き返しやトロ場からはイワナが飛び出してくる。釣れるサイズは20㎝前後が中心だが、大場所では8寸クラスが顔を出す。上流にある2段堰堤下は変化もあり、水深があるので良型が潜むが、入渓者が多く魚もスレている。捕食のタイミングでなければ、口を使うこ

滝見温泉先にある堰堤上流部の流れ。メリハリのある渓相を見せる

南沢出合上流側。ここから鍋割川合流までは蘭川の核心部

釣れるアマゴはピンシャンだ

大堰堤の先にある２段堰堤上流の流れ。アマゴ、イワナが混生する

とは少ないだろう。

この堰堤間の流れは、大型に出会う確率は少ないが反応は多い。サイズにこだわらないアングラーにはお勧めしたい区間でもある。

２段堰堤は10ｍほどの高さがあり、高巻は危険を伴う。釣り上がるには一度入渓点に戻り、堰堤上流に再入渓して頂きたい。

２段堰堤上流には林道を利用して入渓することが可能だ。この堰堤から次のスリット型堰堤までは４００ｍほどある。堰堤上は大きなプールになっているが、魚影を見かけることは少ない。上流に向かうと川が二分される。右の流れは水量も少ないので、左の流れを釣り上がる。この区間は樹木で覆われているポイントが多く、良型は枝の下などによく身を潜めている。

そのまま釣り上がるとスリット堰堤が現われる。この堰堤にも林道からアクセスすることはできる。さらに上流にも堰堤はあるが、大型の堰堤はこれが最後。そして、ここから先の流れは本谷川と長者畑川と名称も変わる。右側から流れ込んでくる本谷川には堰堤もなく、源流部らしい釣りを楽しむことができる。ただ、林道がなく川通しで戻ることになるので、時間配分を考えて釣りを楽しんで頂きたい。

左側から流れ込む長者畑川には上流部まで堰堤があるが、下流部のように連続することはなく、釣り人にとってはうれしい障害物となる。川幅が狭く、樹木が川を覆うようになるので長いサオを振れる場所は減るが、サオ抜けが多くなるので魚影も多い。

長者畑川は、沢や橋を利用して林道に上がることも可能だが、支流が多く間違えやすい。初めて入渓する際には地図またはGPSを持参して釣り上がるとよいだろう。

入退渓が容易で魚影がある蘭川。自分のスタイルに合った流れを選択したうえで釣りを楽しんでもらいたい。（加藤）

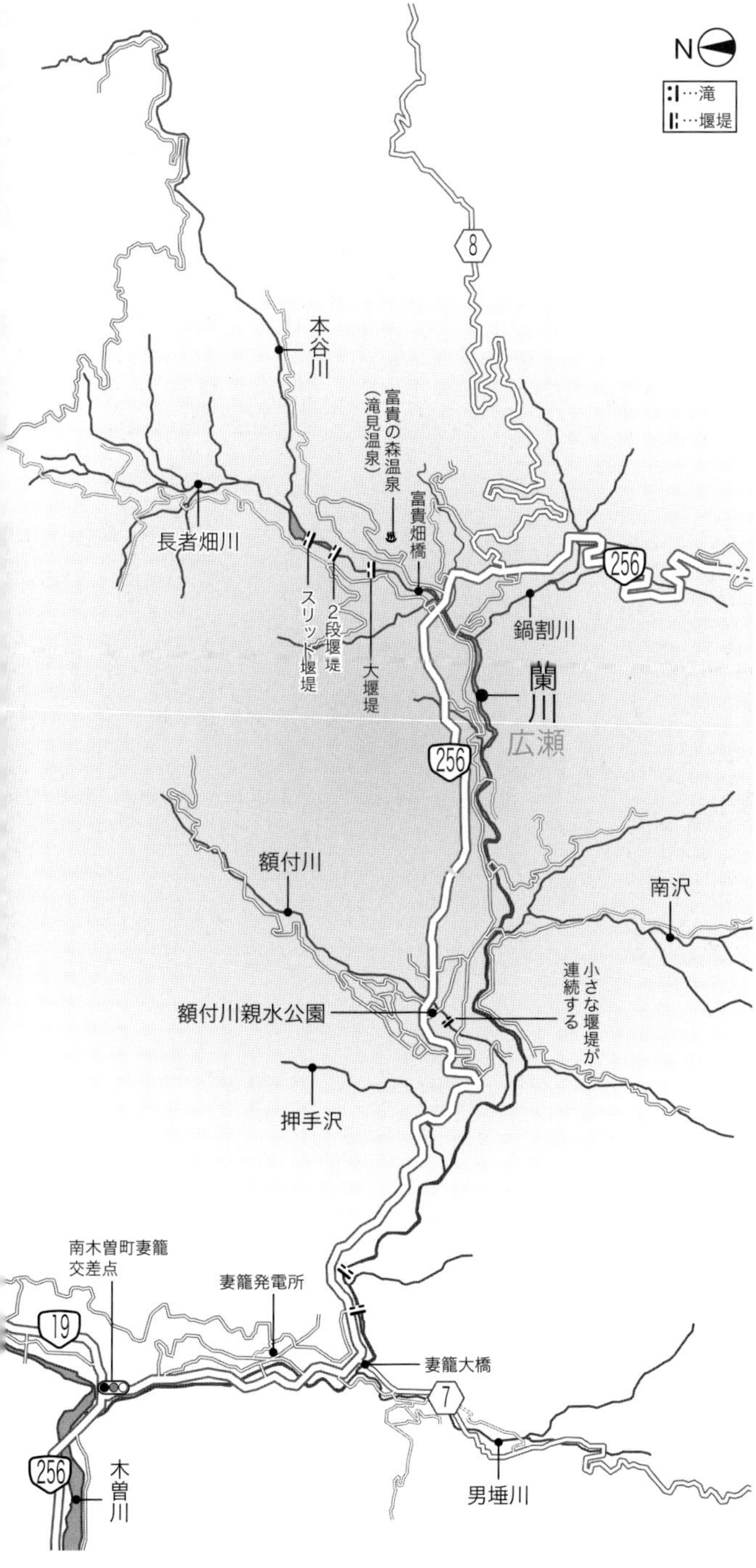

木曽川水系
王滝川支流

西《に》野《し》川《の》

木曽の豊かな自然を満喫。シーズン初期は積雪に注意 本支流のほか近隣の中沢川、本洞川も視野に釣行したい

鎌ヶ峰を源に流下し、大きな支流の末川を合わせ、御嶽山東面の支流をまとめて王滝川へ注ぐ西野川。積雪が多い年は解禁当初に入渓できる場所が限られることもあるので注意したい。雪代が治まる目安は4月中旬以降となる。

本項では本支流のほか、近隣の中沢川、本洞川も合わせて解説したい。

●西野川本流

西野川を訪れる釣り人は、中・下流部よりも開田高原を流れる上流部の本支流に入ることが多い。

西野川・太陽の丘公園前の渓相。下流域でお勧めのポイント

下流部の釣りは太陽の丘公園前がよい。駐車場、トイレもあり、広いコンクリートの階段から楽に川へ降りられる。公園前の流れは中州で二分され、以前は奥が主流になっていたが、現在は手前に流れが集中している。荒瀬の中の大きな淀み、淵、大石の裏の弛み等がポイントになる。釣り上がると道が川から一度大きく離れる。この前後を釣りたい。

中流部は柳又集落前後になる。集落前は明るく開けた川だが、旧御岳橋下の深淵は暗く谷も深い。瀬の中に埋もれた段差堰堤の淀み、弛み、深淵がポイントになる。駐車スペースは、集落内は狭いので進入を控えたい。御岳橋が架かる新道すぐ手前から旧御岳橋に入る道に停められるので、ここをベースにする。

上流部は西又川合流地点からになるが、開田高原を流れる開けた明るい川になる。単調な流れが高坪まで続くが、小淵、ブッツケの深み、段差堰堤下の弛み等がポイントとなる。

高坪からは小落差が出てきて、この先で川は二分するが上流に向かって左が本

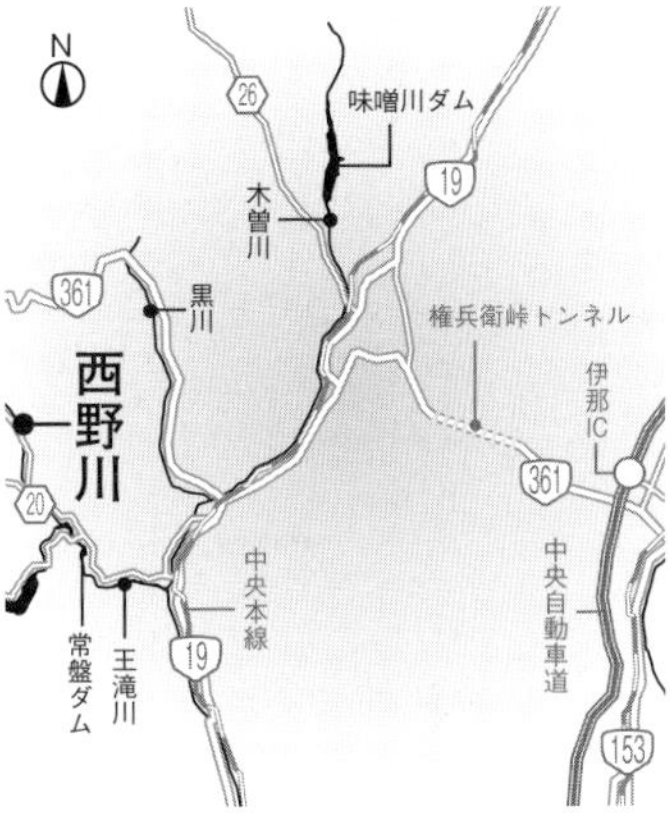

information

●河川名　木曽川水系王滝川支流西野川
●釣り場位置　長野県木曽郡木曽町
●主な対象魚　イワナ、アマゴ
●解禁期間　3月1日～9月30日
●遊漁料　日釣券2000円・
年券9000円
●管轄漁協　木曽川漁業協同組合
（Tel0264-22-2580）
●最寄の遊漁券発売所　デイリーヤマザキ木曽福島店（Tel0264-24-3018）、国道19号線沿いにある他のコンビニでも購入可能
●交通　中央自動車道・伊那IC降車。国道361号、権兵衛トンネル、国道19号を経て、県道20号に入り西野川へ

流になる。ここまでアマゴとイワナの混生だが、奥はイワナとなる。なお釣り上がると車道が横切り、その先５００ｍくらいで終了する。奥まで魚はいるが、型も小さく流れも細くなる。

林道はここまで川に沿っているが、高坪で進入禁止となる。高坪に近付くにつれ駐車スペースがなくなるので注意したい。

●西又川・藤沢川

西又川は国道３６１号が川沿いに走り、どこからでも入退渓できる。明るく開けた瀬の多い川である。釣り場は西野川との出合から西又集落の手前までの湾曲した所と、関谷集落から上流部が面白い。中流部までアマゴとイワナの混生で、上流部はイワナとなる。駐車スペースは所々にある。

藤沢川は小さな川で、初夏は田に水を引くため下流部は釣りにならない時期がある。アマゴとイワナの混生。雨後の増水時に下栗尾から藤沢間でサオをだすとよい。駐車スペースは所々にある。

西野川・大入付近の流れ。開けた渓相が続く

西野川中流域のメインポイントとなる柳又集落前後の流れ

西野川・高坪付近。落差が現われポイントもメリハリが出てくる

西野川・神田付近の流れ。上流域だが単調な流れが高坪まで続く

●杷之沢川

杷之沢川は末川合流点から釣る場合、国道361号が川を渡る付近の木曽町役場開田支所から出合まで歩くとよい。出合から支所までは瀬の中に小さな落ち込み、小淵が続いている。瀬の多い川で、支所から先は車道が川に沿う。瀬の多い川で、ヤブも少なく問題なく釣り上がれる。アマゴとイワナの混生。駐車スペースは所々にあるが、前記した開田支所が便利。

●髭沢川

髭沢川は出合から馬橋まで車道が川に沿うが、ここから髭沢集落までは川から離れる。途中入渓する場合、所によっては野バラが多いので注意。この川も平瀬が多く、ポイントは杷之沢川と同じになる。奥まで詰めても魚影は少なく適当な所で切り上げたい。駐車スペースは集落から先は所々にある。

●末川

近頃、隣を流れる黒川とともに釣り人を多く見かける川である。入渓点は、渡

小渓流となる藤沢川だがアマゴとイワナの混生で楽しめる

西又川下流域の渓相を望む

末川・仲町付近。小さな落ち込みや淵が続く流れ

髭沢川は瀬の中に小さな落ち込み、小淵が続く

合から入るには国道３６１号の藤屋洞辺りに駐車し、道路を約20分下ることになる。この付近は谷も深く荒々しい流れが鱒渕まで続く。小さな落ち込みや、渕が続く緊張した釣りになる。鱒渕まで来ると谷が開け、水深も浅くなり明るい釣り場になる。これから先は川沿いに道があり、どこからでも入退渓出来る。仲町、大屋と集落が続き、右岸は田畑となり、のどかでゆったりした釣りが楽しめる。浅瀬の中にある埋もれかかった段差堰堤の淀み、岸のエグレ、小淵等がポイントになる。小野原を過ぎると水流も少なくなり、広い河原の中を瀬が流れポイントも少なくなってくる。西野沢と月夜沢まで釣り上がれるが、この先はクマザサに覆われた小沢になり釣り場が終わる。

大屋まではアマゴとイワナの混生で、その先はイワナとなる。川沿いに続く林道は小野原集落の先で進入禁止となる。駐車スペースは所々にあるが、鱒渕から仲町の間は農作業の邪魔にならないように注意して頂きたい。

王滝川支流・本洞川。ヤブの中を釣り上がるとアマゴ、イワナが飛び出す

木曽川支流となる中沢川は稚魚・成魚放流がなされ魚影が多い

●中沢川（木曽川支流）

国道19号から元橋を渡って王滝方面に進み、少し走った所からクリーンセンター方面に右折すると中沢川に沿う。ここは木曽川漁協福島支部が毎年アマゴ、イワナの稚魚・成魚を多く放流している。

下流部は最初の橋を渡ると川に近付くので、ここから下中沢まで釣り上がる。この奥に入ると退渓しづらいアマゴ釣り場になる。

次は中流部のクリーンセンター先からがよい。川沿いに車道が走り入退渓しやすい。瀬と小さな落ち込みが続いている。上中沢集落手前で二又に分かれるが、ここまでがアマゴとイワナの混生で奥はイワナとなる。両沢とも多少奥まで釣り上がれるが、ヤブも濃くなり適当な所で終了する。駐車スペースは林道脇に所々ある。

●本洞川（王滝川支流）

国道19号から元橋を右折し西野方面に走ると、黒沢の先で王滝川に流れ込む川が本洞川で、橋を渡りすぐ右折する。この川も木曽川漁協三岳支部が毎年アマゴ、イワナの稚魚・成魚を多く放流しており魚影が多い。

出合から入渓するとヤブが意外に深く、車道へのアップダウンを繰り返し釣り上がる。

東又川との分岐を過ぎ、しばらく行くと河原が開けるがすぐに狭くなる。遡行

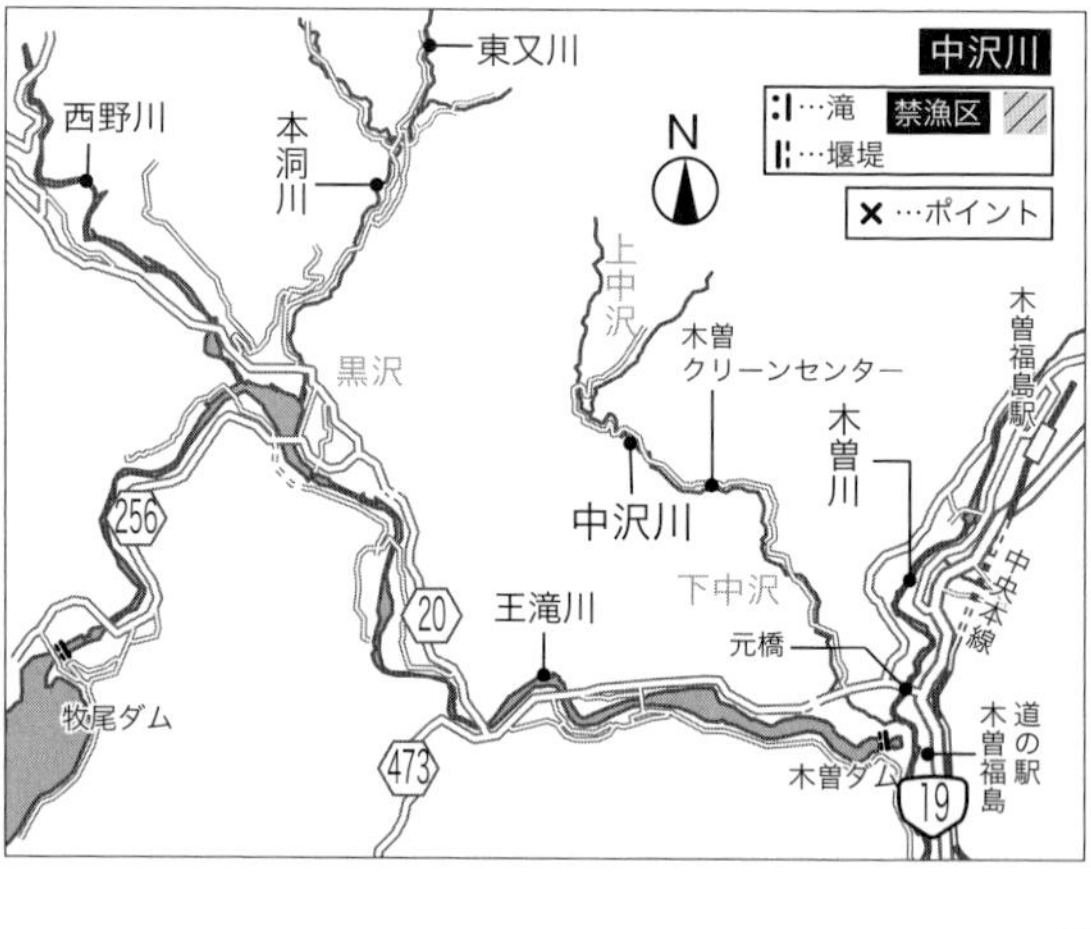

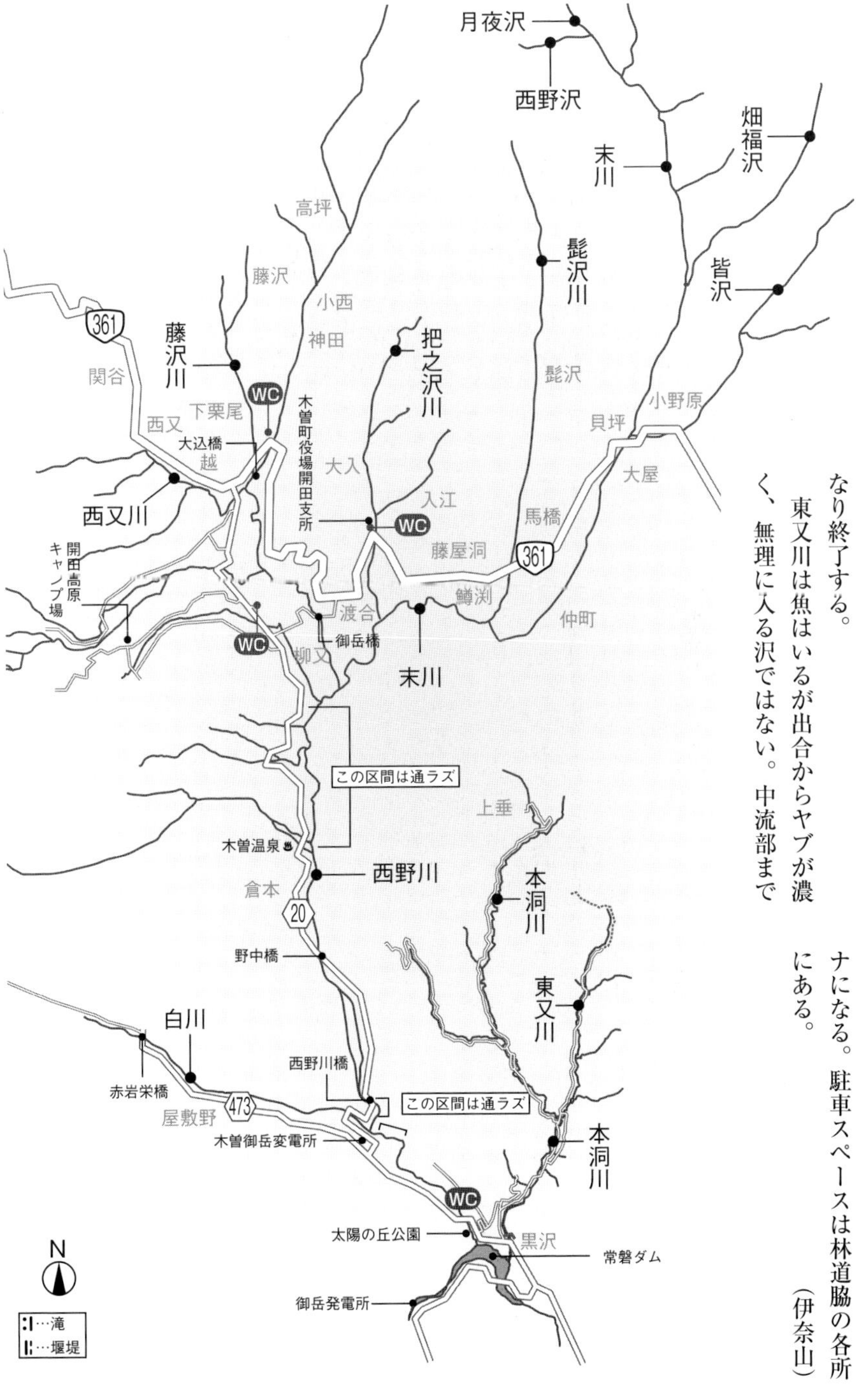

には問題はない。上垂《だれ》辺りでヤブが濃くなり終了する。

東又川は魚はいるが出合からヤブが濃く、無理に入る沢ではない。中流部まではアマゴ、イワナの混生で上流部はイワナになる。駐車スペースは林道脇の各所にある。

（伊奈山）

木曽川水系

黒《くろ》川・八《や》沢《ざわ》川

黒川は明るく開けた木曽の里川。支流の沢も楽しめる木曽川合流点下流対岸側から注ぐ八沢川も魚影豊富

黒川・野中地区の流れを釣る

大笹沢山を水源とし、奥峰に続く南西面の水を集め、木曽町で木曽川に流入する。国道361号が川沿いに走り、明るく開けた木曽の典型的な里川である。その反面各支流は、うっそうとした林の中を流れる暗い谷が多い。黒川流域は共有林が多く、勝手に山菜やキノコ等を採るのは、地元の人とのトラブルの元になるので控えて頂きたい。

●黒川本流

木曽川合流点のすぐ上にダムがあり、本流からの遡上はない。ここ数年来の度重なる大雨で流れは大きく変わったが魚影は多く、平日、休日問わず釣り人を多く見かける。入渓点だが、下流域は幸沢川出合辺りになるが、栃本の先まで数基の堰堤があり、アップダウンが続く。早瀬の中の淀み、堰堤下等を探るアマゴ主体の釣り場になる。

中流域は栃本の先から入渓する。渡合までは瀬が中心だが大きな淀みが出てくる。ここから先、清博士までは小さな落ち込み、淀み、瀬が繰り返す流れとなる。

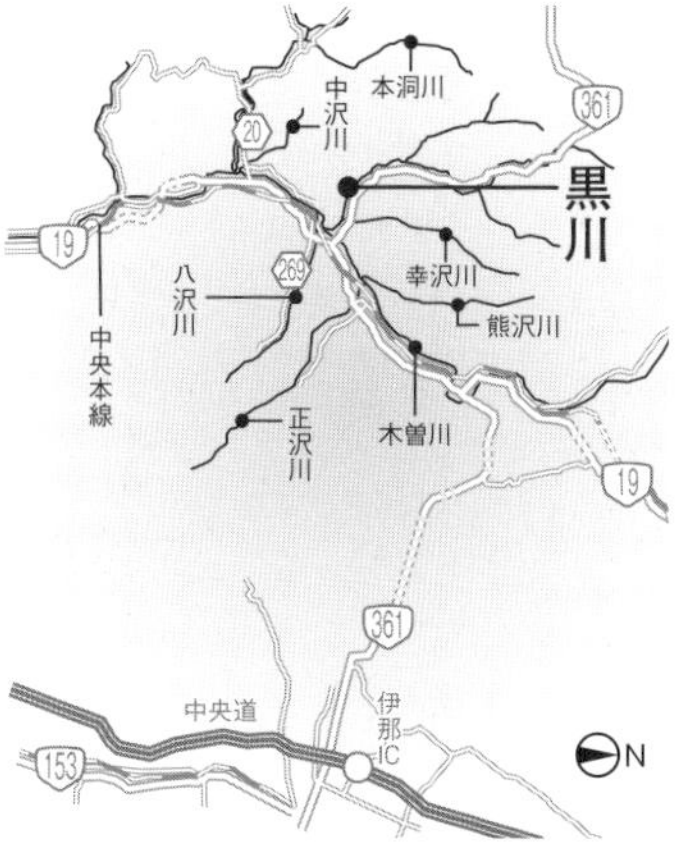

information

●河川名　木曽川水系黒川・八沢川
●釣り場位置　長野県木曽郡木曽町
●主な対象魚　イワナ、アマゴ
●解禁期間　3月1日～9月30日
●遊漁料　日釣券2000円・
年券9000円
●管轄漁協　木曽川漁業協同組合
（Tel0264-22-2580）
●最寄の遊漁券発売所　ディリーヤマザキ木曽福島店（Tel0264-24-3018）、国道19号線沿いにある他のコンビニでも購入可能
●交通　中央自動車道・伊那IC降車。国道361号、権兵衛トンネル、国道19号を経て、木曽大橋交差点を右折して国道361号に入り黒川へ

ここまでにある数基の堰堤は簡単に巻け、落ち込みは魚の溜まり場になっている。オモリを大きめにして、しっかり底を探りたい。

清博士からは落ち込みが多くなり、ポイントが絞りやすい。東又沢出合まで楽しめる区間になる。この先で水量は東又沢と本流に二分され、ヤブの多い暗い流れになる。岡ノ平集落内は多少開けるが、またすぐ暗い流れになり、スキー場入口まで続く。国道361号はここから川を離れ新地蔵トンネルを抜け、開田高原へ向かう。

スキー場入口から低い段差堰堤が階段状に続き、釣れるイワナはほぼ小型だが、雨後の増水時は中型が上がっている。車道はスキー場ゲレンデに入る所で進入禁止となり、川もヤブが濃くなりこの辺りで終了する。魚種は東又沢出合までアマゴ、イワナの混生で奥はイワナとなる。駐車スペースは所々にある。

黒川沿い栃本の先に「自家焙煎・山の珈琲屋つりんちゅ」があり、店名のとおりマスターの仲澤さんは釣り好き。木曽

黒川・渡合地区。ここまでは瀬が中心の流れ

ここ数年の豪雨被害で黒川の渓相も大きく変化したが、魚影の多さは変わらない（上志水地区）

に来る釣り人が集まり、リアルタイムに釣り場情報が聞ける。釣りの合間や移動中に立ち寄ってみるのもよいだろう。

●支流・幸沢川

黒川合流点からしばらくは取水のため水量が少ない。林道が川に沿っているので様子を見ながら入渓したい。駐車スペースは所々にあり、雨後の増水時以外は問題なく釣り上がれる。谷は暗く小さな落ち込み、瀬、淀みと続き小ポイントをていねいに探る。中流部までアマゴとイワナが混生し上流はイワナとなる。

奥まで詰めてもヤブ沢となるので、奥幸沢集落辺りで終了するとよい。

●支流・西洞川

入渓は黒川に架かる渡合橋前後に車を停め、合流点からその先の堰堤までの短い間だがサオをだしてみたい。堰堤下の深みもじっくり探りたい。次の入渓点は、樽沢の辺りにいくつか駐車スペースがあるので車を停めると、沢に降りる踏み跡がある。多少ヤブがあるが特に問題なく釣り上がれる。一の萱辺りまで来ると、水量も減り魚の型も小さくなり、釣り場も終わる。魚種はイワナがほとんどで多少アマゴも混じる。

この川は車道が川に沿ったり離れたりするので、入退渓点を捜すのが難しい。樽沢から入渓したら、一の萱まで一気に釣り上がるが、途中左から入る大久保沢を登り車道に出るのがよい。

●上小川沢

黒川の合流点から釣り上がると、途中堰堤で一旦車道に出る。集落外れまでは車道に上り下りしながら釣ることになる。集落外れからは多少のヤブがあるが、気になるほどでもなく、問題なく釣り上がれる。

しばらく行くと二又に分かれるが上流に向い左の沢を釣る。ここまではアマゴとイワナの混生でこの先はイワナとなる。奥に行くほどヤブが深くなるので適当な所で終了する。帰路は左岸に小道が付いているのでこれを利用する。駐車スペースは所々にある。

●東又沢・焼棚沢

両沢はヤブの濃い沢だったが近年の雨で小さな灌木が流され、以前より遡行しやすくなっている。林道は車が進入禁止になっているので、国道３６１号が東又沢に架かる橋の少し手前左に浄水場に行く道があるので、これを下った黒川沿いに停められる。ここから東又沢を釣り上がる。帰りは林道を歩くことになる。

出合から５００ｍほど釣り上がると二又になり、上流に向かい右が東又沢、左

黒川・橋詰地区の流れ。上流で上小川沢が合わさる

黒川の上流部。清博士からメリハリのある流れでポイントも絞りやすい

幸沢川・中流域の流れ。アマゴとイワナが楽しめる

上小川沢・中流域の渓相。上流へ行くほどヤブが深くなる

西洞川・樽沢地区の流れ。多少ヤブはあるが釣り上がれる

八沢川・伊谷地区の流れ。漁協の放流の成果か、魚影は多い

東又沢・ヤブの濃い沢だったが豪雨の影響か、以前より遡行しやすくなった

が焼棚沢となる。両沢ともよく似た沢だが、焼棚沢のほうが傾斜が多少あり、そのぶん落ち込みが多い。東又沢は中流部までアマゴとイワナが混生し、焼棚沢は出合先からイワナとなる。

●八沢川

最後に、黒川が木曽川本流に合流するすぐ下の町中で左岸から流入する八沢川を併せて紹介する。この川は木曽川漁協福島支部が稚魚・成魚ともに多数放流しているので魚影が多い。

車道が上流部まで川沿いにあるので釣りやすい。入渓点は、木曽川合流地点より上流700mまでは子供専用釣り場になるので、その先から。片側または両岸護岸の流れだが明るく開けた川である。

川上の先で二又になるが上流に向い右の沢はヤブが多い。左は駒の湯の先まで釣り上がれるが、川上辺りで終わりにしたい。魚種はアマゴ、イワナの混生。

駐車スペースは国道19号を越えるまではほとんどないので、無理して停めないように。中流部以遠は所々にある。

（伊奈山）

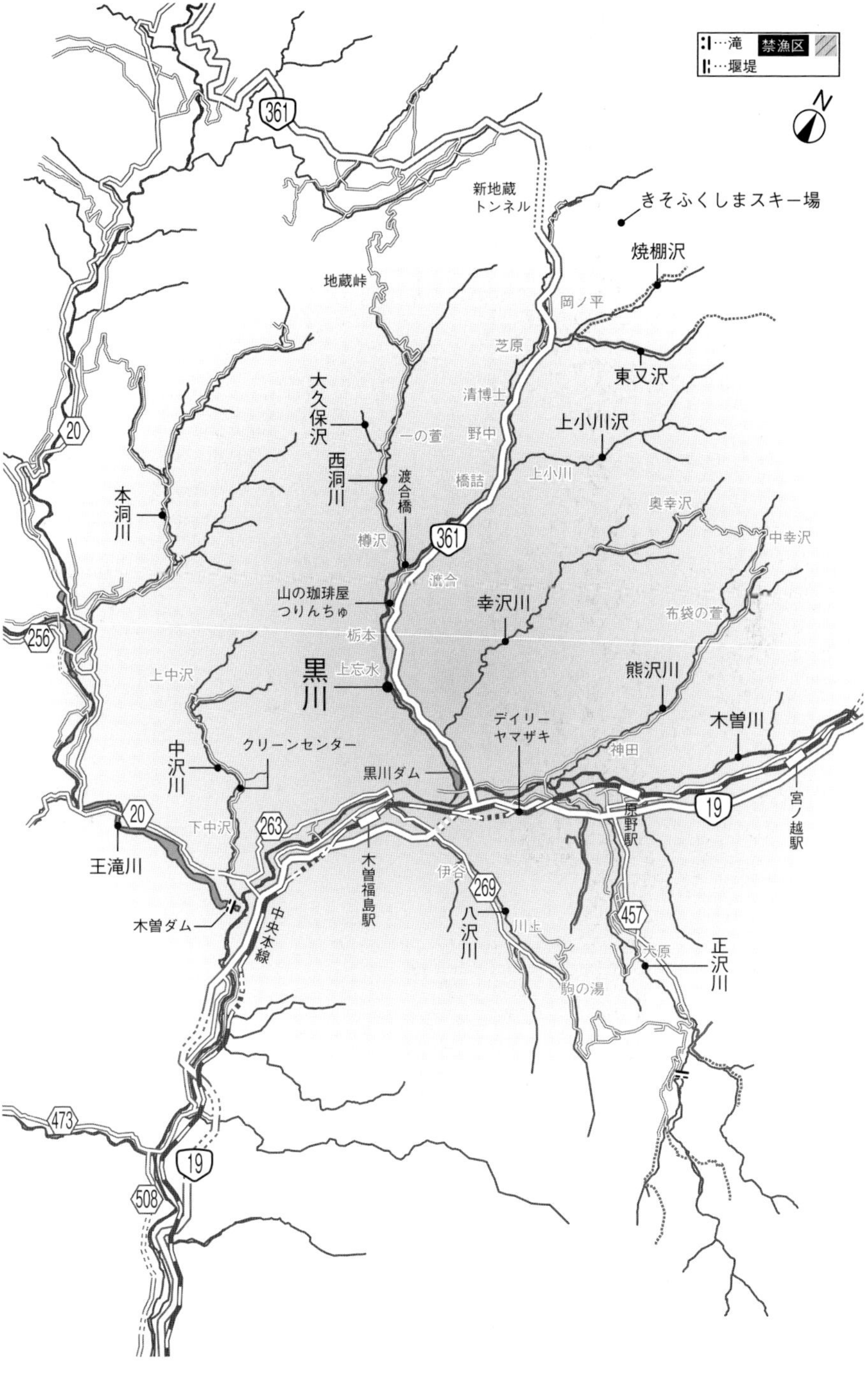

…滝
禁漁区
…堰堤
N
361
新地蔵トンネル
きそふくしまスキー場
焼棚沢
地蔵峠
岡ノ平
芝原
東又沢
清博士
大久保沢
一の萱
野中
上小川沢
20
西洞川
渡合橋
橋詰
上小川
奥幸沢
本洞川
樽沢
361
中幸沢
渡合
山の珈琲屋つりんちゅ
幸沢川
布袋の萱
256
栃本
黒川
上忘水
上中沢
熊沢川
デイリーヤマザキ
木曽川
中沢川
クリーンセンター
神田
黒川ダム
宮ノ越駅
19
20
原野駅
王滝川
下中沢
263
木曽福島駅
伊谷
269
木曽ダム
中央本線
八沢川
川上
457
大原
正沢川
駒の湯
473
19
508

木曽川水系

木曽《きそ》川（上流部）

河原広がる本流と渓相多彩な支流群
本格シーズンはヤマブキの花咲く5月から

鉢盛山を水源とする味噌川と、境峠を水源とする笹川が祢宜屋《よぎや》で合流し木曽川となり、中央アルプスや御岳山麓等から流れ出るいくつもの支流を集めて伊勢湾に注ぐ。

近年、木曽に限らずクマの出没情報が多くなっている。入渓の際には笛や鈴を持参するとよい。特に人里離れた支流で釣りをする時は気をつけたい。

木曽川・義仲館前の流れ。荒瀬が続く渓相で瀬釣りがメインとなる

●木曽川本流

釣り場が広い割に釣り人をあまり見かけないのは、木曽川本流の谷の狭さ、速い川の流れ、駐車スペースのなさ等が理由と考えられる。本項では本流はポイントを3箇所に絞って紹介する。

1箇所目は、日義の義仲館前の駐車場前後の流れを釣る。荒瀬が続き、岸寄りの淀み、大石の裏の弛み等がポイントになる。6m以上の長ザオを使い、瀬釣りが得意な人に向いている。

2箇所目は、巴淵から続く大淵中心の釣り場。淵に架かる橋の上からアマゴが泳いでいるのが絶えず見られる。車は橋のたもとに置き、ここから川に降りる踏み跡がある。巴淵から瀬と大きな淵が続く。増水時は無理に入渓しないように。なお国道361号に架かる橋下の大淵にサオを入れるなら、一度神谷川に降り、合流点の淵に下る。

3箇所目は、藪原駅前から祢宜屋間の明るく開けた区間。ここまで来ると流れも穏やかになり、平瀬が続き小淵、淀み、小堰堤下がポイントになる。塩沢合流点を過ぎると多少低い落ち込みが出てくるようになる。さらに上がって行くと笹川との合流点になり、木曽川の釣り場も終了する。ここまではアマゴとイワナが混

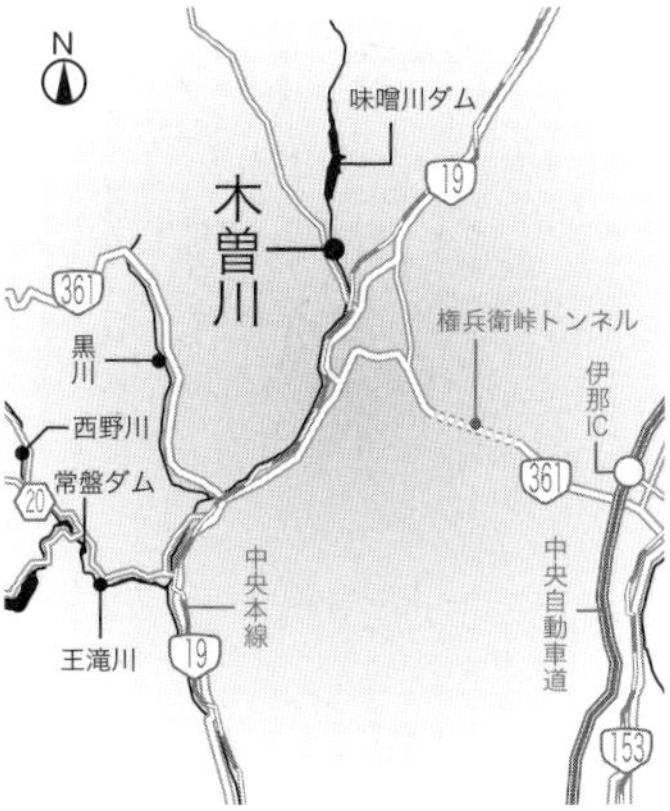

information

●河川名　木曽川水系木曽川
●釣り場位置　長野県木曽郡木曽町、木祖村
●主な対象魚　イワナ、アマゴ
●解禁期間　3月1日～9月30日
●遊漁料　日釣券2000円・年券9000円
●管轄漁協　木曽川漁業協同組合（Tel0264-22-2580）
●最寄の遊漁券発売所　セブンイレブン神谷入口店（Tel0264-26-2007）、国道19号線沿いにある他のコンビニでも購入可能
●交通　中央自動車道・伊那IC降車。国道361号、権兵衛トンネル、国道19号で木曽川上流部へ

生する。
　なお、藪原駅前の川の駅エリア内260mは子供専用釣り場になるので注意。また解禁当初は積雪で入渓に苦労することもあるので、シーズン初期の釣行は特にあらかじめ管轄漁協から最新情報を得ておきたい。本格シーズンはヤマブキの花が咲く5月。渓魚も瀬に出てエサを捕るようになる。また夏にかけて涼しい支流筋も探っていきたい。

●支流・熊沢川

　木曽川本流との出合は狭間で、神田付近まで車道が離れる。この間に入渓する際には車を農道に進入しないで頂きたい。

　神田の先からは川が車道に沿うので、どこからでも入渓できる。車道側は護岸が続き多少のヤブがあるが、問題なく釣り上がれる。布袋の萱で二又になり、左が本流筋。ここから先、中幸沢の集落まで道が離れるので注意したい。魚種はかなり上流までアマゴとイワナが混生する。

　駐車スペースは車道の広い場所に停めるが、布袋の萱に採石場があり大型ダン

熊沢川・神田付近の流れ。布袋の萱で二又に分かれる

木曽川・巴淵を望む。淵に架かる橋上からアマゴの姿が確認できるはずだ

木曽川・藪原の流れ。平瀬、小淵、淀み、小堰堤と変化に富んだ渓相

プカーが往来するので注意したい。

なおこの林道を進むと、110頁で紹介している幸沢川の上流に出られる。全舗装されているが道幅が狭いので注意してほしい。

●支流・正沢川

下流部は林間に小落差をつける流れ。中流部から大原までは瀬が中心となる。上流部はヤブが濃くなりイワナ釣り場になる。この川は、下流部は木曽駒高原の別荘地に沿う流れ。駐車スペースが少なく、川通しで上まで釣るというより、車を停めた場所の前後を釣るようになってしまう。大原から上は駐車が出来、正沢ダムまで釣るとよい。魚種はここまでアマゴとイワナが混生する。

●支流・野上川

木曽川合流点からも釣り上がれるがヤブが茂り釣りづらい。川沿いに車道があるので様子を見ながら入渓するとよい。小さな落ち込み、淀みと続き、野上集落のはずれまで問題なく釣り上がれる。この先は堰堤が続き、傾斜も増してヤブも濃くなるので無理に奥へ行かず、このへんで終了する。集落先に橋があり、ここから林道は川から離れる。魚種はアマゴとイワナの混生。駐車スペースは各所にある。

●支流・菅川

木曽川合流点から釣り上がれるが、谷は狭く小さな落ち込みが下村集落まで続

正沢川・中流域は瀬が
中心の渓相だ

野上川・小さな落ち込み、
淀みなどがポイントだが
ヤブも濃い

く。この区間は雨後の増水時、木曽川に濁りがあれば本流育ちの大型が上ってくる。下村から先はいくつかの集落と田畑の間を流れ、片側か両側護岸が続く。明るく開けた渓相になり、ヤブもそれほどのことはなく釣り上がれる。

魚種はアマゴとイワナの混生で、栗屋集落辺りまでくると水量も減り、釣り場も終わる。川沿いに続く車道は笹川の中流部に出る。途中に公衆トイレもでき、駐車スペースも各所にあり入渓しやすい。

●支流・奥峰沢

菅川に沿う車道を走り、大平を下って行くと左に小さな沢が出てくる。これが奥峰沢で藪原スキー場を巻くように流れ笹川に合流する。

雨後の増水時に入渓すると面白い。車道沿いに駐車スペースが各所にある。

●支流・塩沢

入渓点は県道26号を右折して川を渡り進むと林道に入ってすぐ右へ降りる道がある。川は水量も多くなく、ヤブも気に

笹川・細島地区の護岸された流れ

菅川・小渓ながら落ち込みでアマゴ、イワナが食ってくる

ならず問題なく釣り上がれる。
全般に瀬が多くポイントが捜しづらい渓相で、小さな落ち込み、淀み等見逃さないように。中流部までアマゴとイワナの混生で、奥はイワナになる。奥は深く適当な所で終了する。
沢沿いに林道があるので、帰路はこれを利用する。この林道は車の進入は禁止されているので、車は林道入口手前の新道の広い所に置くことになる。

笹川・弥宜屋地区の流れ。荒瀬とトロ瀬が交互に現われる

なお令和2年現在、林道の一部が壊れているので注意。

●支流・笹川

笹川は木曽川の本流筋、味噌川にダムが出来、奥木曽湖以遠は禁漁となり、実質的に木曽川水系の最上流の釣り場となる。

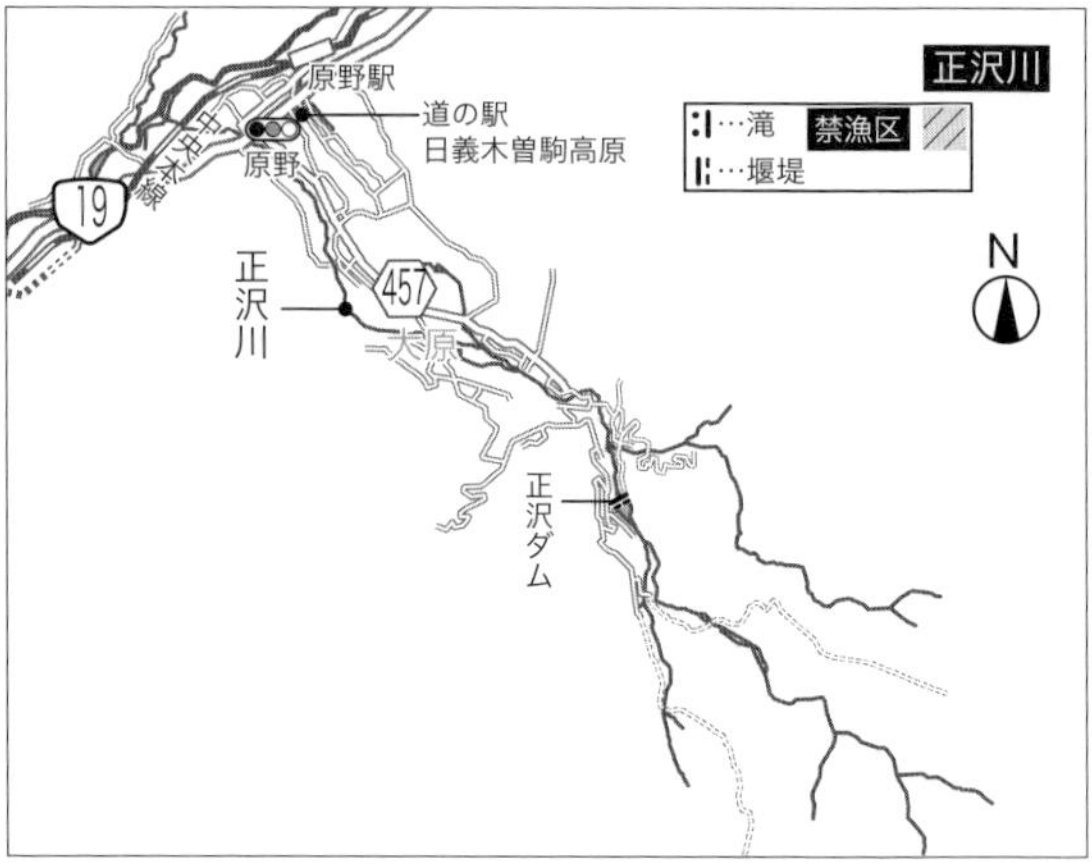

川は最源流部を除いて明るく開け、木曽谷の暗く深いイメージは全く見受けられない。川沿いに続く県道は境峠を越え奈川へと向かう。

弥宜屋から入渓すると、瀬が続く中、場所によっては河原いっぱいに緩やかな流れになったりと変化に富んでいる。所々に段差堰堤、石裏の淀み、単調な瀬が続くが、流れの中にちょっとした変化がある場所もあり、そういう所をよく捜して仕掛けを入れたい。

細島の先まで釣り上がると車道が大きくカーブする所に大きな堰堤がある。この先は別荘地内を流れるヤブの小沢になり、このへんで納竿したい。ここまでアマゴ、イワナが混生している。駐車スペースは所々にある。

（伊奈山）

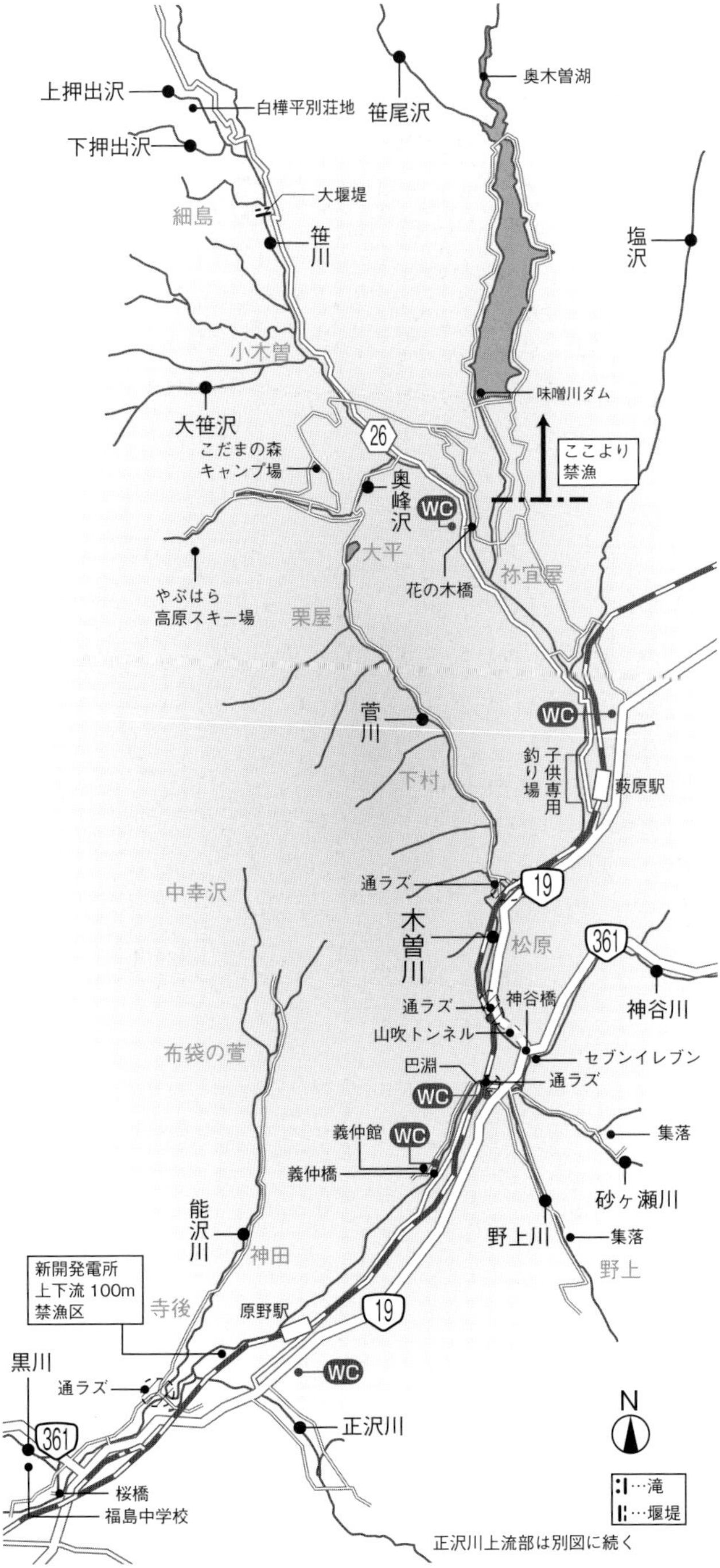

天竜川水系

横川川《よこかわ》

山間の渓谷、田園風景の里川の両方を満喫 水量が多い時期は小さなポイントから思わぬ大ものも

みなかみ橋から上流を望む。左岸から入川出来るが上流側はすぐに禁漁区となる

横川川は、信濃川島駅付近で小野川と合流し、ホタルで有名な辰野町で天竜川に注ぐ。比較的緩やかな渓相ではあるが、昭和38年の災害による対策で横川ダムが昭和61年に完成している。ダム上流はキャンプ場や天然記念物の蛇石、秋の紅葉と季節ごとの楽しみが多い。

ダム下の山間部は渓流相の狭い流れで、昭源峡付近などは淵と瀬の連続した流れが続く。山間部を抜けると田園風景に変わる。ここから下流域は里川の緩やかな流れと、堰堤やザラ瀬やトロなど、石は小さくなるが釣りやすい渓相が続く。朝夕のひと時にサオをだせるような流れでもある。フライやルアーなどの釣り人も多い。

工事や水害の影響で渓相はだいぶ変化したが、流れには美しいアマゴが多い。解禁当初でも淵ばかりねらうよりも、石や草木が絡む深みがあれば、時期的に少し流れが速いかな？　と思うポイントを探ると、小ぶりでもサビの取れたきれいなアマゴが反応してくれる。エサはキンパクを中心に、イクラも持参するとよい。

仕掛けは、0・2〜0・3号のイトに小ぶりのハリでていねいに釣ると数が揃う。

テンカラでも4月になれば日中は充分楽しめると思う。川岸の草木が生い茂る6月以降は釣りづらいポイントも増えてくるが、アシの根元の深みや小さなスポットなどから思わぬ大ものがサオを絞る。毛バリは12号以下の小さなサイズによい反応が見られることが多い。

天竜川水系の解禁は例年2月16日。近年は解禁時の降雪量は少なく、駐車スペースにも困らないことが多くなったが、里川とはいえ海抜800mほどの地域。周辺地域には雪がなくても釣り場の周りには積もっていることもある。またダム直下まで民家があるが、車のすれ違いは夏でも注意が必要だ。

一部に川遊びの区間が設定されていることもあるので、イトや特にハリの処理には充分な注意を心掛けてほしい。

それでは以下、横川ダム下を起点に上流側から解説していく。

information

●河川名　天竜川水系横川川
●釣り場位置　長野県上伊那郡辰野町
●主な対象魚　イワナ、アマゴ
●解禁期間　2月16日〜9月30日
●遊漁料　日釣券1100円（現場売り2100円）・年券6600円
●管轄漁協　天竜川漁業協同組合（Tel0265-72-2445）
●最寄の遊漁券発売所　セブンイレブン塩尻北小野店（Tel0266-46-3023）、セブンイレブン辰野平出店（Tel0266-41-0146）、小野釣具店（Tel0266-41-2751）、ほか近隣のコンビニで取り扱いあり
●交通　中央道・伊北IC降車。国道153号、県道201号を経て横川ダム方面へ

●横川ダム下流・みなかみ橋〜いらざわ橋

みなかみ橋上流の左手に神社と、駐車スペースがある。ただし消防団の詰所があるので注意と配慮をお忘れなく。上流部はすぐに禁漁区となる（ダム上流200m、下流300mは禁漁区）。

みなかみ橋の上流左岸から入川出来る。右岸のやや上流からも可能だが、下るとそこが水量によっては淵尻のポイントで、荒らしかねないので注意。ここは川幅が狭くボサも多い山間を流れる区間。日陰が多いので初期の防寒対策は、動きやすく暖かい装備がよい。水深のある場所が多く、初期は雪が多いと移動が大変だが、比較的流れの状態を目視出来る。5月以降は流れが目視出来ないほど草木が茂り、長い仕掛けでは釣りづらいポイントが多い。移動もヤブ漕ぎとなる。一方で流れには大型が潜む淵や大石が点在している。

●いらざわ橋〜上野橋周辺

いらざわ橋から川沿いに左岸を下ると橋を渡る。この橋の下流左岸に駐車スペースがある。橋の上流側には地域振興バスのスペース、その対面に防火槽スペースがあり木製の橋が架かっているが、ともに駐車禁止。釣り上がる場合、防火槽の橋横か、さらに下流の駐車スペース上流の橋からとなる。工事があったが年数が

いらざわ橋付近の瀬の流れ

いらざわ橋下流域の地域振興バス停付近の流れ

経過し、ポイントが復活してきたと思う。長ザオも扱いやすく、テンカラなども存分に振ることが出来る。小さなポイントを見落とさないことが釣果につながる。

かやぶきの館周辺は山沿いを蛇行する流れを楽しめる。深い淵は頭上に木が生い茂り釣りづらいが、魚影が多いポイントが点在する。また水量が充分な時期は思わぬポイントで良型が出る。したがって釣り人も多い。

駐車スペースは、上野橋付近を除くと県道の路側帯を利用するが、急峻な斜面脇なので落石や、動物による思わぬ被害もあるので要注意。

●上野橋～くだり橋周辺

くだり橋の脇に駐車スペースがある。辰野町立川島小学校グラウンド前から川に細い農道が伸びており、駐車スペースがある。また、くだり橋から上野橋までの中間点にある和方橋からも入川出来る。

途中に堰堤があるが、水量によっては越えることが困難で、堰堤脇を登れるが防獣電柵が張られており、危険な場合も

開けた渓相はテンカラでも容易に楽しめる

上野橋より上流を望む。魚影が多い区間で入門者にもお勧めの流れだ

あるのでくれぐれも注意が必要だ。

魚影が多い区間で、堰堤下のポイントもヒラキに良型が出ている。ピンポイントでもテンカラの1投目で良型が反応することがあり、慎重にねらうとよい結果がでる。

和方橋の上流から上野橋までは、トロ瀬や瀬が続き、川幅も広くなるため長ザオも存分に振れる。トロ瀬は水量によりポイントが変化するが、底石が多い所や流れの変化がある場所は、護岸すれすれなども含めていねいに探りたい

●くだり橋～さかい橋

工事や水害の影響が多い区間。それでも以前に比べてだいぶポイントが増えてきた。アシの根元などのえぐれや少しの深みはアマゴの住処となる。ザラ瀬やトロ瀬の変化に乏しい流れに見えるが、障害物を気にせず釣りが出来る開けたポイントの連続。深みと流れの強さを見極めると、良型のアマゴが出るポイントもある。途中3本橋があるが、橋の上下はよいポイントが復活してきたと思う。以前、

くだり橋より下流を望む。開けたポイントの連続だが良型アマゴも出る

宮城橋上流の渓相。里川然としているが瀬や淵、トロ場なども多い

さかい橋下流の流れ。少しの深みでもアマゴが付いている

子供が素潜りで尺超えのアマゴを捕まえたのを目撃したことがある。

駐車スペースはさかい橋の脇辺り。田んぼの脇道は駐車をご遠慮いただきたい。

●さかい橋～宮城橋

宮城橋脇に駐車スペースがあるが、農道側には駐車しないこと。ここから入川すると、のどかで里川然とした田んぼと山のきれいな景色に懐かしさを覚える。ポイントは分かりやすいが足元も侮れない。瀬や淵、トロ場など意外に変化が多い。一部のチャラ瀬を除くと、ていねいに釣りたくなるポイントがいくつもある。毛バリなどの場合、一面がポイントではないかと思うこともある。全体に小ぶりだが魚体のきれいなアマゴが多い区間。アシや草が伸びて歩きにくい所もあるが、季節を通じていろいろと景色が変わるのが楽しい。

最後に、全体的にアマゴもスレているとアタリも小さく、イワナは少ない印象を受ける。また、成魚放流のアマゴは割と早めに釣られてしまう。（小松）

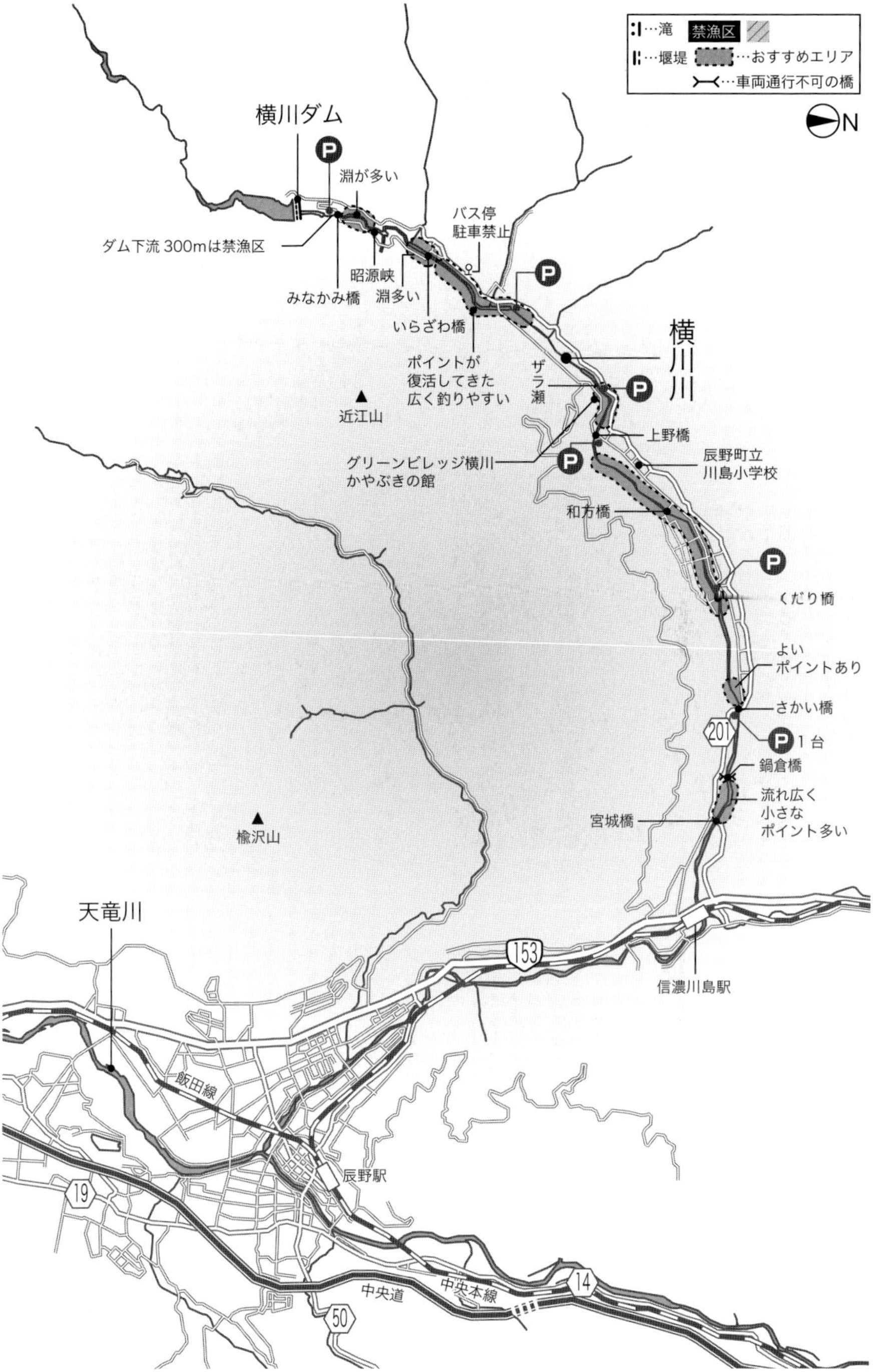
…滝
禁漁区
…堰堤
…おすすめエリア
…車両通行不可の橋
N
横川ダム
淵が多い
ダム下流 300mは禁漁区
みなかみ橋
昭源峡
淵多い
いらざわ橋
バス停
駐車禁止
ポイントが
復活してきた
広く釣りやすい
横川川
ザラ瀬
上野橋
近江山
グリーンビレッジ横川
かやぶきの館
辰野町立
川島小学校
和方橋
くだり橋
よい
ポイントあり
さかい橋
201
1台
鍋倉橋
流れ広く
小さな
ポイント多い
宮城橋
楡沢山
天竜川
153
信濃川島駅
飯田線
辰野駅
19
中央道
中央本線
14
50

大岩が創り出す本流の渓相は見事だ

天竜川水系

太田切《おおたぎり》川・支流／黒川

本流上流はV字谷の険谷、黒川も見事な渓相
太田切川の釣りとソースカツ丼はセットメニュー!?

駒ヶ岳（2956m）をはじめとする中央アルプスの東麓一帯から流れ出る豊富な水は、太田切川、中田切川、与太切川の3本に分かれて天竜川に注ぐ。三大（さんだい）田切川ともいわれるが、3本とも奥が浅い割には川幅が広く、急峻な流れで水量が多い。川の名前の一部「田切」の由来は「滾《たぎ》る」で、傾斜地を流れる河川で両側が崖状の場所を水が激しく流れる様子をいうらしい。

3本のうち、天竜川の最も上流に流れ込む太田切川は、アクセスもよく伊那谷の中でも超人気だ。

上流部は新太田切発電所から駒ヶ岳ロープウエイの山麓駅「しらび平駅」までのバス道と並行して流れる本流と、発電所際で左岸から本流に流れ込む黒川が釣り場となるが、いずれも遡行の難度が高い渓で経験豊かなベテラン向きといえる。

また、駒ヶ根に来たからには名物のソースカツ丼を食べて帰りたい。中でも軽食・喫茶の「ガロ」が美味いとの耳情報があるが、昼時は列をなして待つ人が20

本流の渓相。大岩から落ち込む淵のエゴの奥には大ものが潜んでいることが多い

人くらいいる。山のような盛り付けで、味・量とも満足するに違いない。

●体力勝負の本流は大ものとの出会いに期待

駒ヶ根ICから新太田切発電所までは車でわずか5分あまりの距離。発電所のすぐ上に大きなゲートがあり、そこから「しらび平駅」まで一般車は通行止め。太田切川本流への入渓方法は大きく2つあり、1つはゲート手前左側の広場に駐車し、バス道を少し歩いての入渓。もう1つは菅の台バスセンター横の大駐車場（有料）に駐車し、駒ヶ根ロープウェイ行の路線バスに15～20分乗車し、バス停「桧尾橋」か「中電取水口」、「北御所登山口」で下車して入渓する。

本流は中電取水口上部で北御所谷と中御所谷に分かれるが、いずれも典型的なV字渓谷で北御所谷での釣りは難しい。中御所谷もバス道と流れの高度差が大きく、入渓点は限られる。中御所谷は、数十トンもある家ほどの大岩が連なり遡行は体力勝負となるが、格好の淵が数多くあり先を急がずじっくりねらいたい。水面がわずかしか見えない淵でも、大岩の下奥深くのエゴに大ものが潜んでいることが多く、ていねいにエサを送り込めればヒットの確率は高くなる。大石からの落ち込みが大きな流れだけに、イワナも遡上が難しいのか、大水が出ない限りあまり移動しないようだ。

●支流の黒川は本流以上の奥の深さ

新太田切発電所際で左岸から流れ込む黒川は、支流といっても駒ヶ岳頂上直下が源流となり本流以上に奥が深い。下流部には新太田切発電所横のゲートがある橋から入渓するが、上流部は宮田高原キャンプ場（標高1650m）に向かう寺沢林道の終点から入るのがよい。

下流部への入渓は、ゲート手前の5台ほど駐車できるスペースに駐車してとなるが、狩猟や山菜・キノコ採りの入山者も多く釣りかどうかの判断が難しいが、数台停まっていれば先行者がいるとみてよいだろう。黒川には新太田切発電所の取水堰堤が2つあり、標高1800mにある新黒川堰堤までは整備された林道が流れに並行するため、暗いうちに1時間以上歩いて入渓するのもよいだろう。

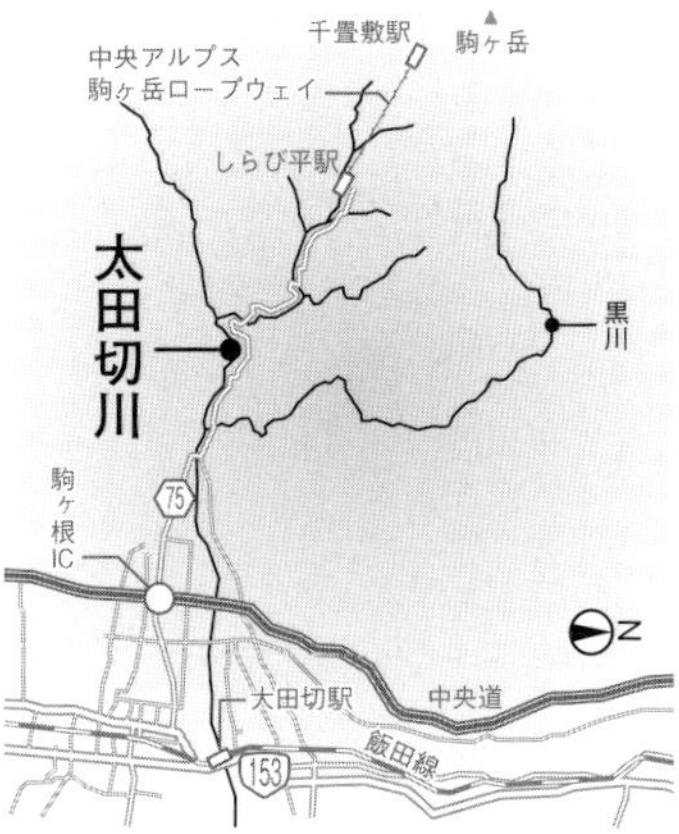

information

●河川名　天竜川水系太田切川
●釣り場位置　長野県駒ヶ根市～宮田村
●主な対象魚　イワナ、アマゴ
●解禁期間　2月16日～9月30日
●遊漁料　日釣券1100円・年券6600円
●管轄漁協　天竜川漁業協同組合（Tel0265-72-2445）
●最寄の遊漁券発売所　セブンイレブン駒ヶ根インター店（Tel0265-83-2299）
●交通　中央自動車道・駒ケ根ICを出て右折、県道75号で中央アルプス駒ヶ岳ロープウェイ方面へ。ICから2㎞の駒ヶ根橋を渡って300mで一般車通行禁止。新太田切発電所下の有料駐車場かゲート手前左の広場に駐車して入渓。上流域へは駒ケ根橋手前の駒ヶ岳ロープウェイ行きバスターミナル駐車場（有料）に駐車しバス利用

黒川には高さ10ｍほどの砂防堰堤がいくつもある。解禁間もない頃には、堰堤下の溜まりで真っ黒く腹がオレンジ色の天然イワナが数釣れることが多く、20㎝程度と小ぶりだが好釣果が期待できる。ただ、黒川下流部はアクセスがよいことから入渓者も多く、早々に場荒れするのは仕方ない。早期はイクラエサが一番だが、やはりヒット率が高いのは現地で採ったオニチョロ等の川虫だ。盛期には上流での取水の関係もあり、水量がぐっと少なくなるので毛バリがよい。頭上には木々の枝が張り出しているところが多いのでテンカラザオでは難しく、エサザオでのチョウチン毛バリのほうがトラブルは避けられるだろう。

上流部へは太田切川の下流部駒ヶ根地籍から北に少し離れた宮田村から、宮田高原キャンプ場へ通じる寺沢林道からのアクセスになる。キャンプ場までの道路は全面舗装されているものの狭く、急坂・急カーブが続くので、運転には充分注意が必要。キャンプ場から先は未舗装の悪路で最近は整備されてないので車では無理のため、キャンプ場付近に駐車して歩く。落石に注意しながら1・5㎞ほど歩くと太田切発電所に取水している大きな新黒川堰堤がある。堰堤下流は取水で水量が少ないが、上流はびっくりするほど水量が多く見事な渓相になる。ここから伊勢滝のある支流が合流する辺りまでの2㎞が、ヤマトイワナの原種にも出会える好釣り場になるが、両岸の立木の枝が頭上に張り出し、足元はゴツゴツした大小の浮石があるなど遡行には充分注意が必要だ。

新黒川堰堤上流に入渓するには、新太田切発電所から黒川沿いの林道を歩いて行くこともできるが、橋のゲートから約8㎞あり急峻な登りが続くので、ゆっくり3時間はみておきたい。健脚を自称する人は黒川の様子を見ながら歩くのもよいが、納竿後の帰路を考えるとキャンプ場まで車で行ってからの入渓のほうが楽だろう。（小澤）

本流では尺上の大ものイワナがビクに収まる可能性が高い

本流の遡行には体力が勝負。大岩を乗り越えるだけで体力が消耗する

北御所谷に入渓したが、高巻もできないＶ字渓谷でギブアップ

新黒川堰堤上部は見事な渓相が続く

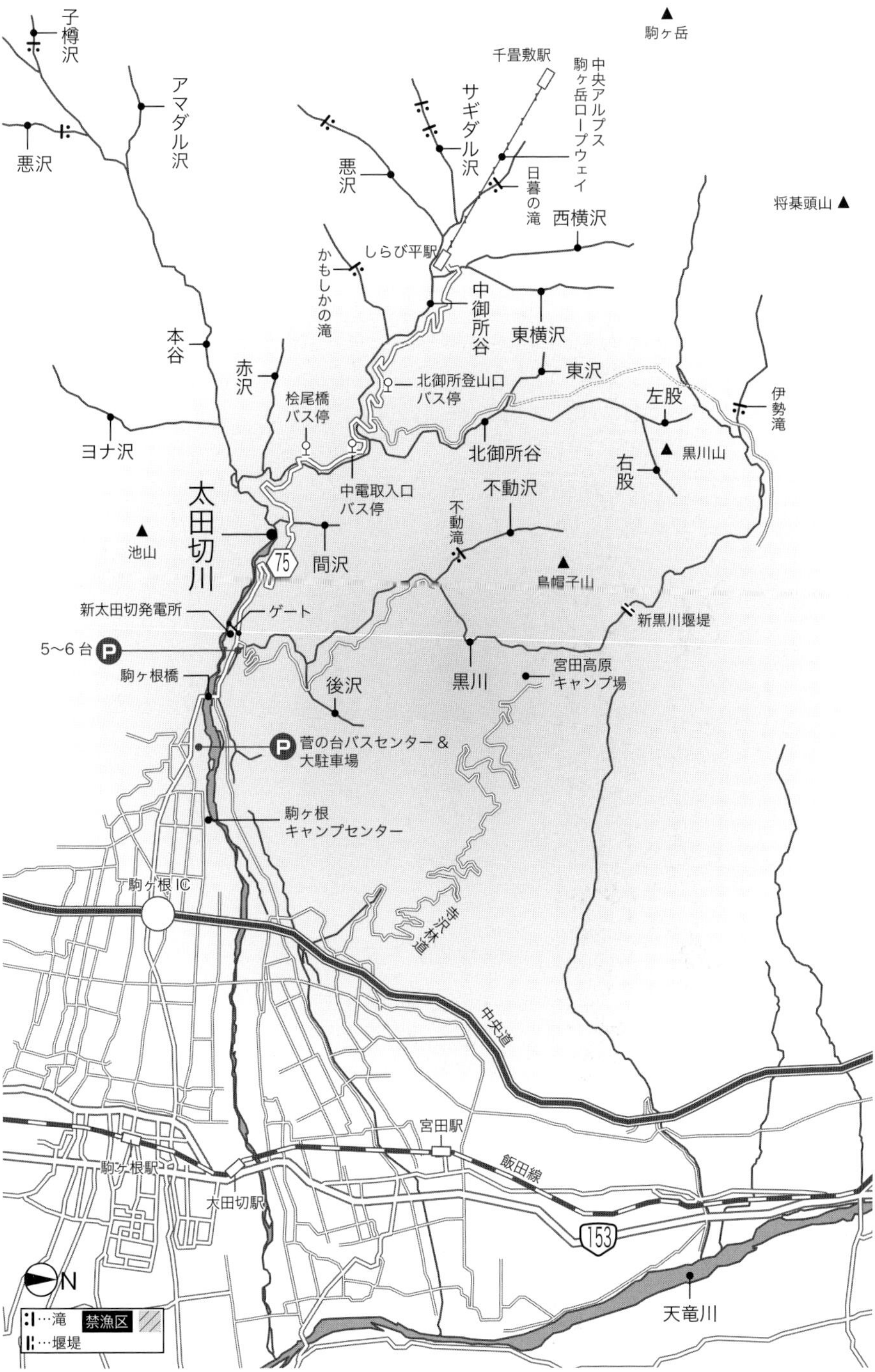

駒ヶ岳
子樽沢
アマダル沢
悪沢
千畳敷駅
中央アルプス駒ヶ岳ロープウェイ
サギダル沢
悪沢
日暮の滝
将棊頭山
西横沢
しらび平駅
かもしかの滝
中御所谷
東横沢
本谷
赤沢
北御所登山口バス停
東沢
左股
伊勢滝
桧尾橋バス停
ヨナ沢
北御所谷
黒川山
右股
中電取入口バス停
不動沢
不動滝
太田切川
池山
75
間沢
烏帽子山
新太田切発電所
ゲート
新黒川堰堤
5〜6台
P
黒川
宮田高原キャンプ場
駒ヶ根橋
後沢
P
菅の台バスセンター＆大駐車場
駒ヶ根キャンプセンター
駒ヶ根IC
寺沢林道
中央道
宮田駅
飯田線
駒ヶ根駅
太田切駅
153
天竜川
N
…滝
禁漁区
…堰堤

天竜川水系

和《わ》知《ち》野《の》川（和《わ》合《ごう》川）

エメラルドグリーンに輝く流れと花崗岩の美渓 梅雨明けまでと禁漁間際の遡上期がねらいめ

池の島橋上流の流れ。県道が川に沿うので入退渓も容易だ

和知野川は長野県南部の三階峰、大川入山などを水源に、和知野ダムで売木川と合流したのち天竜川に流れ込む。国土地理院地図では和知野川と表記されるが、釣り人は天竜川出合から和知野ダム下流の落合橋までを和知野川、和知野ダムから瀬戸渓谷までを和合川と呼ぶ。瀬戸渓谷の下流は阿南町、上流は阿智村となり、上流部は浪合川と呼ばれ、浪合漁協管轄となるので注意が必要だ。

和合川は川幅が広く、水深のある淵や落ち込み、深瀬が織りなす南信州を代表する渓流だ。花崗岩の渓は美しく、水深のあるポイントはエメラルドグリーンに輝き、サオを振っているだけでも幸せな気分になる。

和合渓谷下流部の渓相。川幅もあり変化に富んだポイントが続く

●和合渓谷上流が核心部

釣りを始めるのは和知野ダム上流、池の島橋付近から。和合渓谷までの区間は比較的穏やかな渓相が続き、県道（深沢阿南線）が川に沿うので、入退渓が容易で釣りやすい。池の島キャンプ場から和

合渓谷にかけては川幅も広く、変化に富んだポイントが続く。エサ釣りでは本流ザオでねらうのも面白いだろう。

下流域はアマゴがメインだが、梅雨明け以降は水温が上がり日中に反応する魚は少なく、厳しい釣りを強いられることが多い。和知野ダムから和合渓谷までの区間を釣る場合、解禁から梅雨入りまでか、禁漁間近の遡上時期がねらいめ。下流部には和知野ダム、ダム上流には豊発電所の深みがあり、大ものを育む環境が整う。増水後は大ものに出会うチャンスが高い魅力的な区間でもある。

和合渓谷からの上流部は、渓谷の名に相応しい大淵が続く渓相で和合川の核心部。和合渓谷から宮沢川合流点の下流部までの区間は、県道から川までの高低差があり入退渓のポイントも限られてくるので、釣り人のプレッシャーも低い。入渓点は川に近い場所まで下れる農道や、左岸側から流れ込む沢を利用するが、私有地や田畑などに入らないように気を付けたい。

和合小学校辺りからはイワナも顔を出すようになる。7寸クラスが中心だが、良型アマゴがライズする光景を目にすることもある。大淵の巻き返しでは尺クラスのイワナも反応するようになる。

この区間は入退渓の場所が分かりにくいので、初めて入渓する際は時間に余裕を持ち、入渓点まで戻るつもりで楽しんで頂きたい。川に慣れてくれば、緩やかな傾斜の場所から県道に戻ることは可能だが、高低差が100m近い場所もあるので、沢を利用して県道に戻るか、県道と川との距離が近くなる宮沢川合流点の下流付近まで釣り上がることをお勧めする。

●和合橋付近から和合堰堤までの区間はフライ、テンカラ向き

宮沢川合流点の上流には和合橋があり、県道がこの橋で右岸側に移る。和合橋下流300mほどのところには駐車スペースと、川までの杣道もある。上流部を釣る際はここを利用するとよい。

和合橋付近から和合堰堤までの区間は、瀬や深瀬が中心の渓相で、フライやテンカラを楽しむ人に人気が高い。入渓が容易で、キャッチ&リリースされた魚が増えることでスレている印象を受けるが、夏以降は下流部よりも水温が低く、

information

●河川名　天竜川水系和知野川（和合川）
●釣り場位置　長野県下伊那郡阿南町
●主な対象魚　イワナ、アマゴ
●解禁期間　2月16日～9月30日
●遊漁料　日釣券1000円・年券10000円
●管轄漁協　下伊那漁業協同組合（Tel0265-23-0327）
●最寄の遊漁券発売所　むくの里オートキャンプ場（Tel0260-24-2977）
●交通　中央自動車道・飯田山本ICから三遠南信自動車道に入り天龍峡IC降車。国道151号を南下し阿南町帯川トンネル手前で県道46号方面に右折して釣り場へ

和合橋上流の流れを望む。瀬や深瀬が中心の渓相

和合渓谷上流、本村地区の流れ。アマゴがメインターゲットだ

体高のある美しいアマゴに出会える

みやざわばし上流の渓相。瀬戸渓谷に入ると深瀬や大淵が現われる

魚の反応もよい。イワナの魚影が多くなり、流心ではアマゴ、巻き返しではイワナをねらう釣り方もできる。入渓者が多く、1級ポイントでは素直な反応を得られることは少ない。ポイントまでの間合いを詰めた瞬間に、淵尻や瀬脇から走られ後悔することも度々だ。

和合橋から釣り上がると、和合堰堤が見えてくる。堰堤上下は砂の流出の影響を受けやすく、浅くなっている時もあるが、水深のあるプール状になっている時には、良型のアマゴやイワナを確認出来る。増水後や遡上時期は堰堤下のプールに大型が溜まる傾向にあり、条件が揃えば大型の数釣りも可能。和合川を代表する1級ポイントだ。

和合堰堤を過ぎると、高低差の少ない瀬中心のポイントが続く。良型は上流の瀬戸渓谷の深みにいることが多く、「みやざわばし」までの水深の浅い区間では小型のアマゴやイワナが多い。「みやざわばし」を過ぎて瀬戸渓谷に入ると深瀬や大淵が増えてくる。ここから上流は水深のあるポイントが多く、エサやルアー釣りに向いた渓相となる。徒渉できないポイントが現われた時点で納竿することをお勧めする。

最後に、川に沿う県道（深沢阿南線）は幅の狭い場所もあるが、町営バスも走る生活道路だ。道路脇の空いたスペースに駐車する場合でも、交通の妨げにならないよう充分に注意して頂きたい。

（加藤）

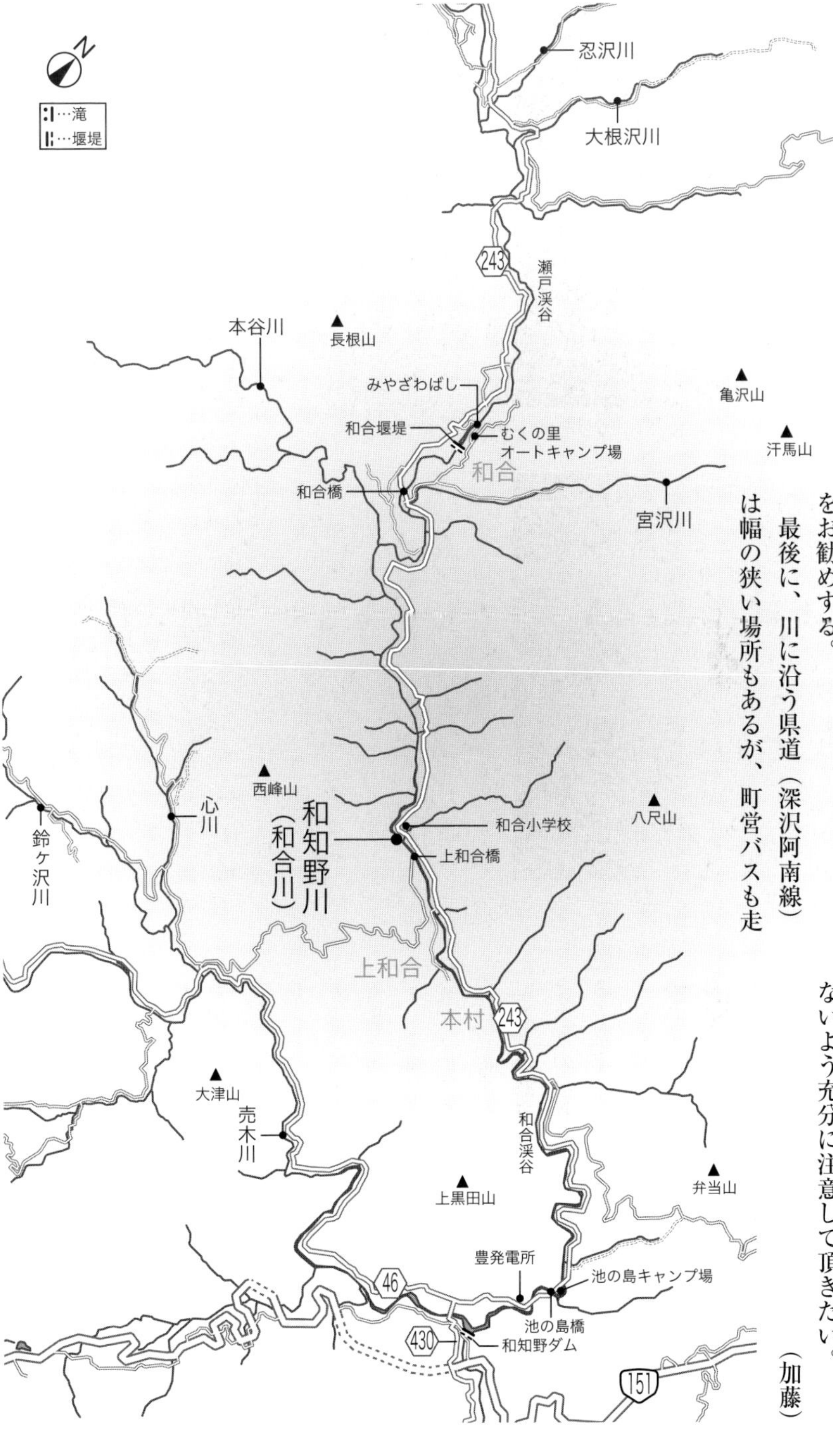

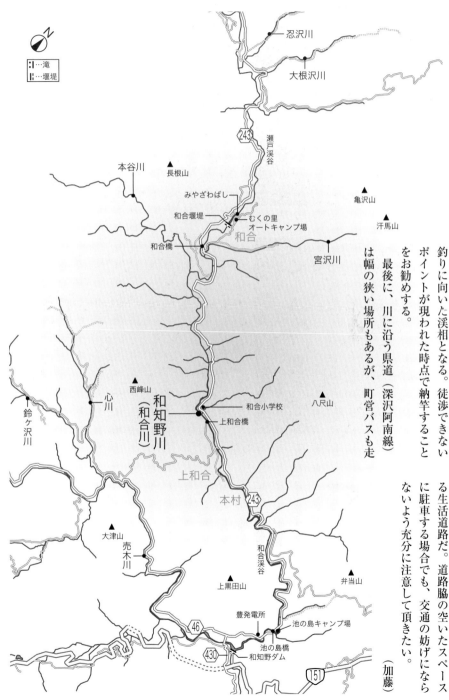

天竜川水系
遠山川支流

上《かみ》村《むら》川

のんびり気軽に渓流釣りを満喫したい人にお勧め
入退渓しやすいアマゴ中心の開けた渓

梨元橋より上流を望む。里川らしい穏やかな流れが続く

飯田市・鬼面山付近を水源とする上村川は、国道152号に沿うように流れ、梨元堰堤で遠山川と合流した後、天竜川に流れ込む16㎞余りの渓流である。

梨元堰堤から豆嵐橋までの中下流部はアマゴ、上流部の程野地区はイワナも生息するが、度重なる土砂を伴う増水の影響でイワナの魚影は少なくなっている。

●梨元堰堤から向橋までの下流部

この区間は入退渓も容易で里川らしい穏やかな流れが続き、高巻の必要もなく初心者にも優しい流れだ。川幅が広く開けた渓相で、水温が上昇する梅雨明け以降は厳しい釣りを強いられることもあるが、解禁からGW頃にかけては放流魚を中心に小型のアマゴが顔を出す。ここ数年は、土砂の流出で流れが変わる状況が続くが、漁協の放流事業により常に魚影のある流れが保たれている。

梨元堰堤から釣り上がると膝ほどの流れが続く。水深のある大場所は少なく魅力に欠けるが、瀬が続いた後の深みや、底石が入った深瀬にはアマゴが溜まっていることがあるので、瀬尻の魚から慎重にねらって頂きたい。

上島橋から向橋までは、所々に護岸ブロックのポイントがあり、護岸脇の深みには良型アマゴが身を潜めている。下流部のお勧めは上村小学校付近の流れだ。荒れた感じを受けるが、護岸の深みや落ち込みの白泡周りからアマゴが飛び出す。

●向橋から豆嵐橋までの中流部

瀬あり淵ありの変化に富んだ流れで、7寸クラスに交じり、8～9寸のアマゴも顔を見せるようになる。淵や落ち込みが多くなると水深のある1級ポイントをねらいたくなるのが釣り人の性だが、良型アマゴは思わぬ流れから反応すること

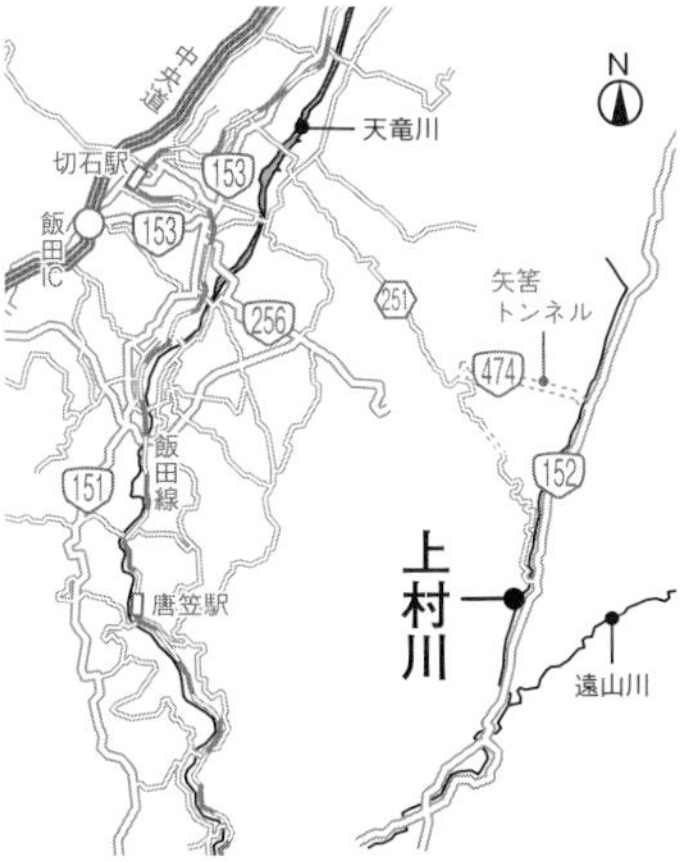

梨元橋のすぐ下流にある梨元堰堤。遠山川との出合でもある

information

●河川名　天竜川水系遠山川支流上村川
●釣り場位置　長野県飯田市
●主な対象魚　イワナ、アマゴ
●解禁期間　3月1日～9月30日
●遊漁料　日釣券2000円・年券7000円
●管轄漁協　遠山漁業協同組合（Tel0260-34-2201）
●最寄の遊漁券発売所　信濃石油㈲上村給油所（Tel0260-36-2706）
●交通　中央自動車道・飯田ICを降り、国道153号、県道251号経由で矢筈トンネル方面へ。国道152号に出ると上村川

上島橋より下流を望む。平坦な流れでサオはだしやすい

も多い。深瀬が続く流れではその傾向が強くなる。

　向橋から新中郷橋までは好ポイントが続く。魚影も多く、見落としそうな小さなポイントからも反応があるので、先を急がずていねいに探りたい。

　新中郷橋から宮の下橋までの区間には数基の堰堤があり、豆嵐橋下流の2段大堰堤が魚止。宮の下橋までの区間は、樹木がせり出し国道側が護岸されていることで、釣りにくいポイントが増える。堰堤下や落ち込みの深みに付く良型アマゴは、夕マヅメなど以外は水面に反応することが少なく、フライやテンカラよりもエサ、ルアー釣りに軍配が上がる。

　下流部では見かけることが少ないイワナだが、この辺りから姿を見せるようになり、堰堤下などの水深のあるポイントでは良型がサオを絞り込む。

　国道脇の護岸帯を抜けると、川が開けフライやテンカラにも向いた流れとなる。遡行中に現われる2mほどの堰堤は右岸側の護岸沿いから越えられるが、体力に応じた判断をして頂きたい。

新中郷橋より下流を望む。魚影の多い好ポイントが続く

黒川橋より下流を望む。瀬あり淵ありの変化に富んだ渓相

豆嵐橋下流の渓相。アマゴとイワナが流れより飛び出す

宮の下橋より上流を望む。落ち込みの深みに良型アマゴが付く

魚止となる2段大堰堤付近の流れは、良型アマゴが付きやすく実績が高い。1段目をじっくりと探ってから、上流の2段目堰堤下の深みもじっくりねらって頂きたい。

豆嵐橋から矢筈トンネル手前・程野ICまでの区間はアマゴとイワナの混生域で、大淵を配した上村川の核心部。程野IC下流で流れ込む小沢にもイワナが生息するので、上村川でサオをだせない場合には入渓するのもよいだろう。

豆嵐橋から釣り上がると、しばらくは広河原と水深のない浅い流れが続く。浅い区間は魚影もなく、サオをだすのは流れが安定してから。

やがて高巻を強いられる大淵も現われ、大ものに対する期待も高まるが、岩盤の直線的なポイントは増水時に魚が下流部に流される場合がある。釣り上がって反応がなければ、大きくポイントを移動することをお勧めする。

清水橋から程野IC下流の堰堤までは小渓流的な流れとなり、釣れる魚のアベレージも6～7寸が中心となる。

●矢筈トンネル入口から大島河原河川公園オートキャンプ場までの上流部

この区間は国道に沿って川が流れ、入退渓は容易だが、道幅が狭く工事車両の往来もあるので駐車には充分に気を付けて頂きたい。

キャンプ場下流の堰堤までの区間は、大きなポイントもなく変化に乏しい。小型のアマゴやイワナの魚影はあるので、大ものに固執しないアングラーや、年配の釣り人にはお勧めしたい区間でもある。

キャンプ場から上流域は、水量が減り、ねらうポイントも限られてくるので、時間をかけて釣り上がったとしてもよい結果を得ることは少ない。

最後に。国道が川に沿って流れ、入退渓も容易な上村川。梨元橋入り口、伊藤沢川合流点、程野地区の村の茶屋には駐車スペースやトイレもあるので、女性アングラーも安心して釣りができる環境が整っている。

釣果優先よりも、のんびりとした雰囲気の中で、気軽に渓流釣りを満喫したい釣り人にお勧めしたい渓流だ。（加藤）

天竜川水系
遠山川支流

梶《かじ》谷《や》川

流程の短い小渓ながら数・型とも期待
ヤマビル対策も忘れずに楽しい釣りを

中流域の流れを見る。須沢が合わさる辺りからはメリハリのある渓相となる

遠山川支流の梶谷川は、南アルプス鶏冠山を水源として小嵐川と合流した後、八重河内川と名を変え、遠山川を経て天竜川に注ぐ流程10㎞余りの短い小渓流である。

下流部の八重河内川は、遠山川からの遡上魚をねらうことができる貴重な渓だが、近年は砂の流出がひどく、大型魚の姿を目にすることは少なくなってしまった。しかし、漁協による放流はされているので、膝ほどの水深からもアマゴが飛び出してくる。

梶谷川は林道が川に沿っている。どこからでも入退渓が容易だが、林道終点から上流部は、大岩、滝ありの変化に富む渓相となり、高巻を強いられる上級者向けの渓流となる。

●須沢合流以遠は本格的な渓相

小嵐川との合流点からアマゴの魚影はあるが、釣りを始めるのは「いろりの宿島畑」付近からがお勧めだ。梶谷川は、源流部ではイワナ、林道終点から下流はアマゴが対象魚となる。

小嵐川合流点から500mほどで2段堰堤。ここは水深もあり、下流から遡上した大型魚が溜まる場所なので、増水後や遡上時期にはじっくりとねらってほしい。

堰堤を越えてしばらくは平瀬が続く。2段堰堤を過ぎると、左岸から須沢が流れ込んでくる。須沢にはイワナが生息しているので、釣り上がりの途中でサオをだすのもよいだろう。

須沢が流れ込む辺りからは本格的な渓相となり、8寸クラスのアマゴも顔を出すようになる。以前はこの辺りでもイワナを見ることはできたが、度重なる大水の影響で数は減ってしまい、最近ではハリに掛かることはなくなってしまった。

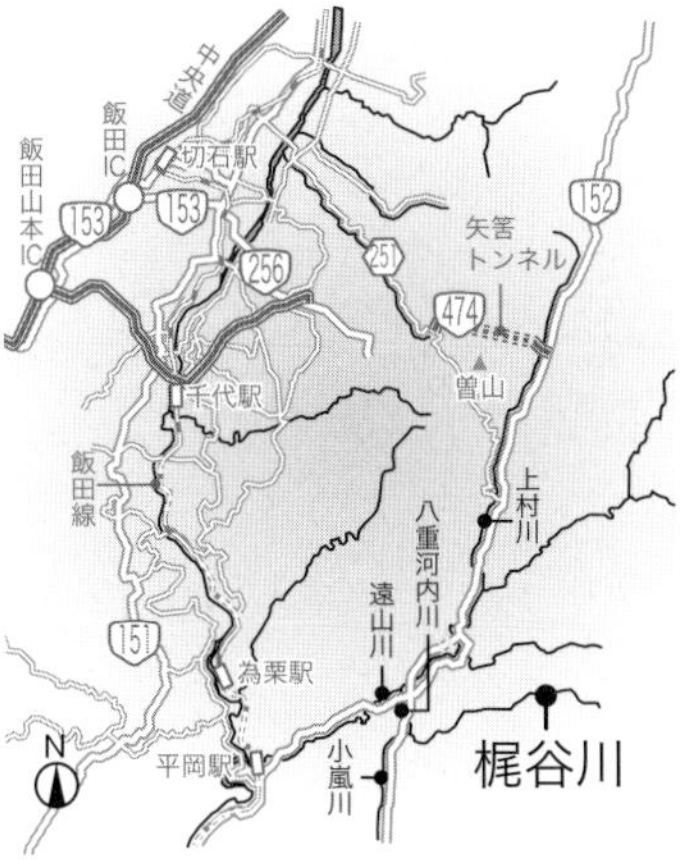

須沢との合流点から上流には2つの低い堰堤があるが、どちらの堰堤も林道が川に沿っているので遡行に問題はない。この区間は、深瀬と淵が連続する魅力的な渓相をしているが、釣り人も多くプレッシャーが高いので、日中に大型魚が姿を見せることは少ない。

2段堰堤から1・5㎞ほど上流には、高さ7mほどの堰堤がある。この堰堤は魚止となっているので、増水後や遡上時期には大型魚をねらえる1級ポイントだ。フライフィッシングではイブニングライズに期待したいが、林道までの高さがあるので、退渓するには川通しで戻る必要がある。イブニングライズをねらう場合には、ライトなどの準備をしたうえで楽しんで頂きたい。

魚止下流域は淵や落ち込みのポイントが多く、エサ釣りに向いた渓相をしているが、魚止堰堤から湯之沢の合流部までは、膝から腰ほどの深瀬や落ち込みが続き、テンカラやフライフィッシングに向いている。高巻を必要とするような大淵や滝もなく、大型を期待するポイントは少ないが、思わぬ小場所から良型が飛び出してくるので気を抜くことはできない。小さな落ち込みでも、水深のあるポイントでは良型が身を隠していることがあるので、先を急がず探ってみてほしい。

特にエサ釣りでねらいにくいポイントでは、その傾向が強くなる。枝が被り、釣りにくいポイントなどは魚が浮いていることが多いので、距離を取ったうえで慎重にねらいたい。

●数よりも型ねらいの上流域

鶏冠橋を過ぎた辺りからは、アマゴに混じりイワナが顔を出すようになる。平

information

●河川名　天竜川水系遠山川支流梶谷川
●釣り場位置　長野県飯田市
●主な対象魚　イワナ、アマゴ
●解禁期間　3月1日～9月30日
●遊漁料　日釣券2000円・年券7000円
●管轄漁協　遠山漁業協同組合（Tel0260-34-2201）
●最寄の遊漁券発売所　いろりの宿島畑（Tel0260-34-2286）
●交通　中央自動車道・飯田ICを降り、国道153号、県道251号経由で矢筈トンネル方面へ。国道152号から釣り場へ

下流域は高低差がないものの大岩など流れに変化があり釣りやすい

鶏冠橋上流の渓相。この辺りからイワナの釣果も混じってくる

２段堰堤を望む。水深もあり遡上した大ものがねらえる

瀬が多かった渓相も、湯之沢が合流するあたりから徐々に山岳渓流らしい変化に富んだポイントが増えてくる。淵や落ち込みが多くなることで、良型に出会う確率は高くなるが、下流部よりも反応が少なくなるので、数よりもサイズにこだわる釣り人や、ルアー釣りをするアングラーにお勧めしたい核心区間でもある。

林道終点の手前には遡行を妨げる2段堰堤がある。手前の堰堤は水深もあり中流域の魚止になっているので、じっくりとねらうことをお勧めする。

小嵐川合流部から林道終点までの区間を釣る際には、通行の妨げにならないように、林道脇の駐車スペースを利用して頂きたい。

林道終点までの区間は、前述したように川に沿って林道があるので入退渓は容易だが、林道終点から上流部は上級者向けの渓相となり、大型のイワナが顔を出すようになる。林道終点以遠は川通しとなるが、気を付けてほしいのがこの地域に生息しているヤマビルの存在だ。下流域や中流域にもヤマビルは生息しており、入退渓や高巻の際には注意してほしい。釣り始めの前に虫除けスプレー等を利用することで対応は可能だが、釣行中のヤブ漕ぎや、高巻後は全身を確認して頂きたい。

林道終点から釣り上がると、スリット型堰堤が現われる。堰堤下流部は土砂の堆積で魚影は少ないが、堰堤から上流部は大岩や滝が連続する本格的な渓流となる。堰堤を越えると滝に遡行を阻まれるが、右岸側を高巻き杣道を進むことで上流側に下降することができる。

この滝付近は特にヤマビルが多く、高巻は危険を伴うレベルなので、初心者にお勧めすることはできないが、源流部は入渓者も少なく良型のイワナに出会う確率は高くなる。

入退渓が容易で釣りやすい中流部と、大岩、滝を配した大型魚の生息する源流部を持ち合わせた梶谷川。放流がしっかりとされ、林道が整備されていることで、手軽に渓魚に出会えることができる渓流だが、落石やヤマビルの存在も忘れずに釣りを楽しんで頂きたい。

（加藤）

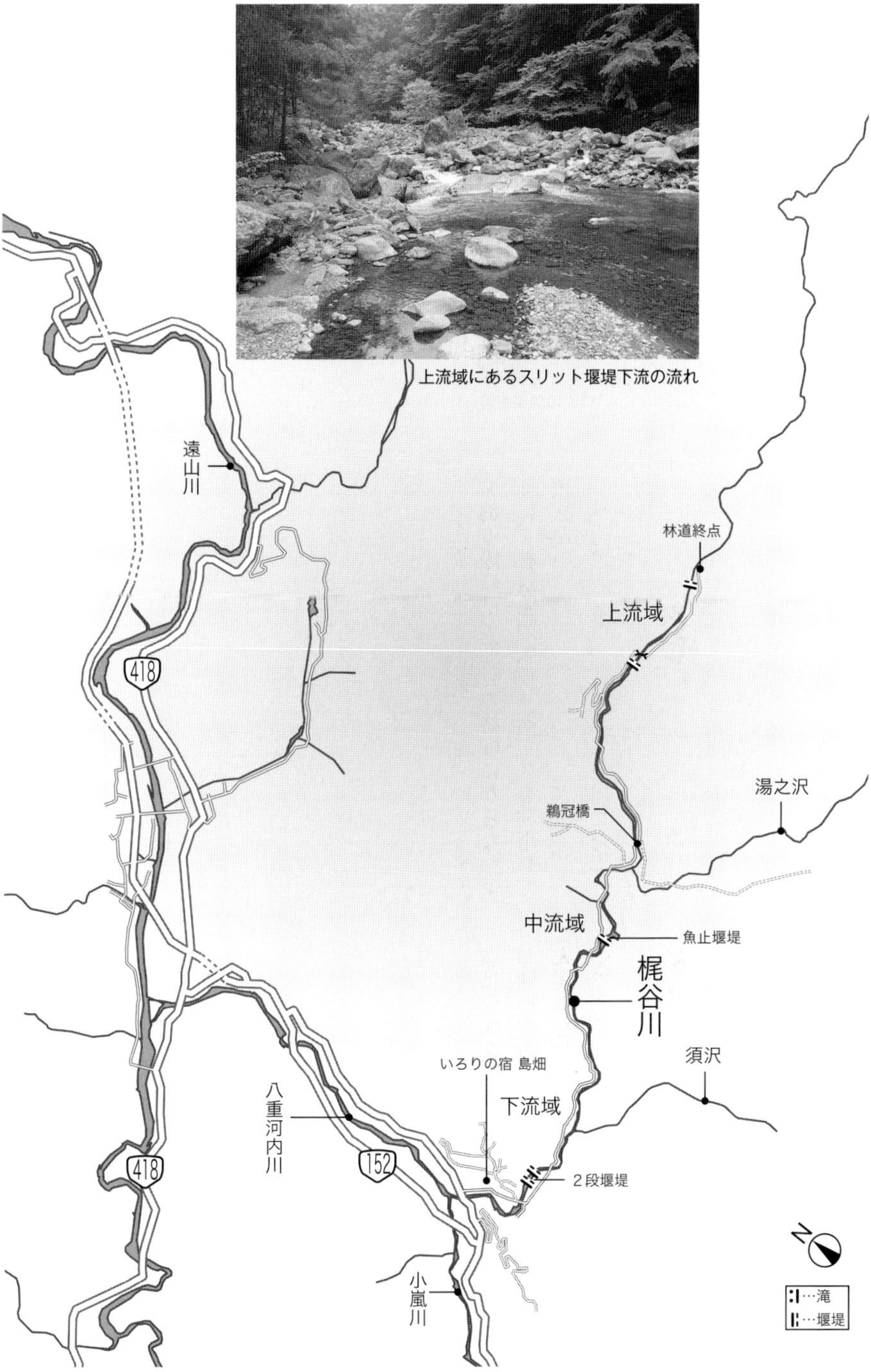

上流域にあるスリット堰堤下流の流れ

令和版 長野「いい川」渓流ヤマメ・イワナ釣り場

掲載河川情報一覧

河川名	漁協名	TEL	解禁期間
魚野川	志賀高原漁業協同組合	0269-34-2721	4月16日～9月30日
鳥居川	北信漁業協同組合	026-253-6696	3月第3日曜日 午前8時～9月30日
千曲川・下流部	佐久漁業協同組合	0267-62-0764	2月16日～9月30日
千曲川・上流部	南佐久南部漁業協同組合	0267-92-2167	2月16日～9月30日
依田川・和田川	上小漁業協同組合	0268-22-0813	2月16日～9月30日
鹿曲川	同　上	同　上	2月16日～9月30日
相木川	南佐久南部漁業協同組合	0267-92-2167	2月16日～9月30日
杣添川	同　上	同　上	2月16日～9月30日
鎖川	奈良井川漁業協同組合	0263-53-1505	3月1日～9月30日
奈良井川・奈良井ダム下流	同　上	同　上	3月1日～9月30日
奈良井川・奈良井ダム上流	同　上	同　上	3月1日～9月30日
梓川・稲核ダム下流	波田漁業協同組合	0263-92-2246	2月16日～9月30日
梓川・上流	安曇漁業協同組合	090-3403-0680	2月16日～9月30日
島々谷川・小嵩沢・黒川	同　上	同　上	2月16日～9月30日
北沢	同　上	同　上	2月16日～9月30日
姫川・松川	姫川上流漁業協同組合	0261-72-5955	3月1日～9月30日
上川	諏訪東部漁業協同組合	0266-73-5060	2月16日～9月30日
宮川	同　上	同　上	2月16日～9月30日
蘭川	木曽川漁業共同組合	0264-22-2580	3月1日～9月30日
西野川	同　上	同　上	3月1日～9月30日
黒川・八沢川	同　上	同　上	3月1日～9月30日
木曽川	同　上	同　上	3月1日～9月30日
横川川	天竜川漁業協同組合	0265-72-2445	2月16日～9月30日
太田切川	同　上	同　上	2月16日～9月30日
和知野川	下伊那漁業協同組合	0265-23-0327	2月16日～9月30日
上村川	遠山漁業協同組合	0260-34-2201	3月1日～9月30日
梶谷川	同　上	同　上	3月1日～9月30日

●執筆者プロフィール（50音順）

池田　久敏
長野県在住。渓流釣り歴16年。渓流シーズン中は納得できる1尾を追い求め、約150日間サオを振り続けている。全日本釣り団体協議会公認釣りインストラクター。TEAM-YAMAMEJI エグゼクティブアドバイザー。

伊奈山　恵
東京都清瀬市在住。渓流釣り歴は40年。シーズン中の半分は木曽町で過ごす。全日本釣り団体協議会公認釣りインストラクター、長野県釣りインストラクター連絡機構に所属。日本渓流釣連盟個人会員。「釣り場で出会った人との会話が楽しい」。

小澤　哲
長野県在住。渓流釣り歴は30年。渓流釣りを取り巻く自然環境保護と美化運動の陣頭指揮にあたるとともに、青少年を対象として釣りの普及振興、マナー教育にあたっている。日本渓流釣連盟会長、長野県内水面漁場管理委員会委員、長野県釣りインストラクター連絡機構名誉会長、渓流釣りクラブ「信州川蝉会」会長などを務める。公認フィッシングマスター。

加藤　俊寿
静岡県在住。渓流釣り歴30年。「渓流釣りは、“釣れた1尾”よりも、“釣った1尾”を大切にしたい」。

北谷　明
長野県松本市在住。渓流釣り歴は30年。渓流釣りのモットーは「無理せず安全に！」のんびりと川を楽しみましょう。

木山澤　結人
長野県塩尻市在住。5歳から渓流釣りを始め、渓流釣り歴は20年。近年は本流釣りも始め、ノベザオでの釣りを楽しんでいる。多摩川山女魚道長野支部所属。

小松美郎
長野県在住。渓流釣り歴は28年。テンカラで気軽に楽しい釣りを満喫するがモットー。オートバイで釣りに出かけることが楽しい「テンカライダー」。

田口　康夫
長野県松本市在住。渓流釣り歴は45年。魚の数は有限です。来期の楽しみのためにも子孫を残すことも考慮しましょう。砂防ダムは渓流には似合いませんね！

戸門　剛
埼玉県在住。渓流釣り歴25年。サイズや数よりも「価値ある魚」を釣ることが目標。両親とともに「郷土料理ともん」を営む。初の著作『ぼくの市場は「森」と「川」“奇跡の料理店”食味歳時記』（つり人社）も好評発売中。

丸山　剛
神奈川県在住。渓流釣り歴は40年ほど。魚は必要以上に釣らない。泊まりの釣行が好き。

令和版《れいわばん》　長野《ながの》「いい川《かわ》」渓流《けいりゅう》ヤマメ・イワナ釣《つ》り場《ば》
2021年2月1日発行

編　者　つり人社書籍編集部
発行者　山根和明
発行所　株式会社つり人社

〒101－8408　東京都千代田区神田神保町1－30－13
TEL 03－3294－0781（営業部）
TEL 03－3294－0766（編集部）
印刷・製本　図書印刷株式会社

つり人社ホームページ　https://www.tsuribito.co.jp/
つり人オンライン https://web.tsuribito.co.jp/
釣り人道具店　http://tsuribito-dougu.com/
つり人チャンネル（You Tube）
https://www.youtube.com/channel/UCOsyeHNb_Y2VOHqEiV-6dGQ

乱丁、落丁などありましたらお取り替えいたします。
©Tsuribito-sha 2021.Printed in Japan
ISBN978-4-86447-361-3 C2075

本書の内容の一部、あるいは全部を無断で複写、複製（コピー・スキャン）することは、法律で認められた場合を除き、著作者（編者）および出版社の権利の侵害になりますので、必要の場合は、あらかじめ小社あて許諾を求めてください。